# TANTRA

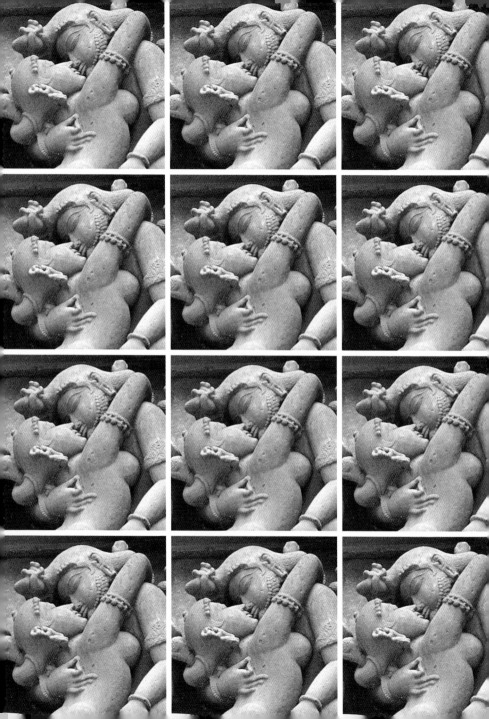

# TANTRA

*Der Weg des Akzeptierens*

Aus dem Englischen übersetzt von Rajmani H. Müller

**OSHO**

Die in diesem Buch enthaltenen Informationen und Ratschläge wurden sorgfältig recherchiert und geprüft. Eine Garantie kann dennoch nicht übernommen werden. Die Informationen und Ratschläge sind nicht dazu gedacht, die Beratung durch einen Arzt oder Therapeuten zu ersetzen, sofern dies angezeigt ist. Eine Haftung des Autors, des Herausgebers oder des Verlags ist ausgeschlossen.

*Bibliographische Information der Deutschen Nationalbibliothek*
*Die Deutsche Nationalbibliothek verzeichnet diese Publikation in der Deutschen Nationalbibliographie; detaillierte bibliographische Daten sind im Internet über http://dnb.d-nb.de abrufbar.*

*Die Texte und Abbildungen in diesem Buch sind urheberrechtlich geschützt. Weitere Reproduktionen, auch auszugsweise, nur nach Genehmigung durch den Verlag.*

Deutsche Erstausgabe
Krummwisch bei Kiel 2011

© 2011 by Königsfurt-Urania Verlag GmbH
D-24796 Krummwisch
www.koenigsfurt-urania.com

Dieses Buch ist aus Texten von verschiedenen Werken Oshos zusammengestellt, die auf seinen täglichen Vorträgen vor einer internationalen Zuhörerschaft beruhen. Alle Vorträge Oshos liegen bereits ungekürzt in Buchveröffentlichungen vor und sind auch als Original-Audioaufnahmen erhältlich. Siehe: »Osho Library« im Internet unter www.osho.com/library

Copyright der englischen Originalausgabe © 2004 OSHO International Foundation, Switzerland.
www.osho.com/copyrights

OSHO ist ein eingetragenes Warenzeichen der Osho International Foundation, www.osho.com/trademarks

Text: OSHO International Foundation, Switzerland
Übersetzung: Rajmani H. Müller
Umschlaggestaltung: Terry Jeavons
Umschlagfotos: © OSHO International Foundation, Switzerland + Corbis
Abbildungen: OSHO International Foundation, Switzerland

Satz: Bookcraft Ltd, Stroud, UK
Druck und Bindung: Imago
Printed in Thailand
ISBN 978-3-86826-114-1

# Inhalt

| | |
|---|---|
| Einleitung | 6 |
| Erster Teil | Tantra – Vereinigung von Erde und Himmel  8 |
| | Die Schlange ist der Erlöser  10 |
| | Saraha, der Begründer des buddhistischen Tantra  24 |
| | Sarahas Lied an den König  38 |
| Zweiter Teil | Die Wissenschaft des Tantra  50 |
| | Die Sprache der Stille  52 |
| | Tantra und Yoga  58 |
| | Die Chakren – eine innere Landkarte  64 |
| | Tantra ist Transzendenz  80 |
| | Die vier Mudras  88 |
| Dritter Teil | Grundlagen der tantrischen Vision  92 |
| | Weg der Intelligenz  94 |
| | Jenseits von Ausschweifung  98 |
| | Jenseits des Tabus  102 |
| | Ohne Charakter  114 |
| | Spontaneität  116 |
| | Intensität  120 |
| | Einheit der Gegensätze  122 |
| Vierter Teil | Die tantrische Vision in der Praxis  128 |
| | Tantra und Vertrauen  130 |
| Über den Autor  144 | |

# Einleitung

Das Grundlegende am Tantra, sein grundlegendes Verständnis – radikal, revolutionär und rebellisch – besteht darin, dass die Welt nicht in Oben und Unten gespalten, sondern aus einem Stück ist. Höheres und Niederes reichen sich die Hand. Das Höhere schließt das Niedere ein, das Niedere schließt das Höhere ein. Das Höhere ist im Niederen verborgen – deshalb darf das Niedere niemals verleugnet werden, darf es nicht verdammt werden, darf es weder vernichtet noch abgetötet werden. Das Niedere braucht nur umgewandelt zu werden.

Anders gesagt, es gibt keine unüberbrückbare Kluft zwischen Gott und Teufel. Der Teufel trägt tief im Herzen das Göttliche. Sobald das Herz sich regt, wird der Teufel zu Gott. Tatsächlich stammt das Wort Teufel aus der gleichen Wurzel wie das lateinische Wort *deus* – Gott. »Teufel« bezeichnet das Göttliche, das sich noch nicht entwickelt hat, nichts anderes! Der Teufel ist also nicht der Widersacher des Göttlichen, der Teufel versucht nicht, das Göttliche zu vernichten, im Gegenteil: Der Teufel versucht, das Göttliche zu *finden*. Der Teufel ist auf dem Weg zum Göttlichen; er ist nicht sein Feind, er ist die Saat des Göttlichen. Das Göttliche ist der Baum in voller Blüte, der Teufel ist das Samenkorn – aber der Baum ist schon im Samen verborgen. Der Same ist nicht gegen den Baum; schließlich könnte der Baum ohne den Samen nicht existieren. Und der Baum ist nicht gegen den Samen – sie sind eng befreundet, sie gehören zusammen.

Gift und Nektar sind zwei Manifestationen der gleichen Energie, genau wie Leben und Tod und alles Übrige: Tag und Nacht, Liebe und Hass, Sex und kosmisches Bewusstsein. Tantra sagt: Verurteile nichts. Etwas zu verurteilen ist eine destruktive Haltung. Wer etwas verurteilt, nimmt sich alle Möglichkeiten, dem Niederen zur Entwicklung zu verhelfen. Verdamme nicht den Schlamm, denn im Schlamm verbirgt sich der Lotos. Nutze den Schlamm, um den Lotos hervorzubringen. Natürlich ist der Schlamm noch keine Lotosblume, aber er kann es werden. Der schöpferische Mensch nutzt den Schlamm, um den Lotos freizusetzen, die Lotosblüte aus dem Schlamm zu befreien.

Die Vision des Tantra ist von höchster Bedeutung, besonders zum gegenwärtigen Zeitpunkt der Menschheitsgeschichte. Eine neue Art von Mensch drängt danach, auf die Welt zu kommen. Ein neues Bewusstsein klopft an unsere Türen. Die Zukunft gehört Tantra, denn die bisherige dualistische Sicht vom Leben ist im Begriff, ihre angestammte Macht über die menschliche Psyche zu verlieren. Das dualistische Denken hat die Menschheit viele Jahrhunderte lang gelähmt, verstümmelt und in Schuldgefühlen gefangen gehalten. Es hat die Menschen nicht frei gemacht, sondern versklavt. Es hat die Menschen nicht glücklich gemacht, sondern todunglücklich und destruktiv. Die Dualisten haben alles verurteilt, vom Essen bis zum Sex. Sie haben *alles* verurteilt: Beziehungen, Freundschaften, die Liebe wurde verurteilt, der Körper, das Denken. Man ließ euch keinen Fußbreit übrig, wo ihr noch stehen könntet. Man hat euch alles genommen und euch völlig in der Luft hängen lassen. Dieser Zustand ist nicht mehr zu ertragen.

Tantra kann euch eine neue Perspektive geben.

## ERSTER TEIL

# Tantra – Vereinigung von
# Erde und Himmel

*Habt ihr gesehen, wie ein Baum sich entwickelt? Wie er tastend wächst und welchem Plan er dabei folgt? Aus dem Samen keimt der Spross und beginnt sich ganz, ganz langsam nach oben zu strecken. Von tief unten, aus der Erde, wächst er allmählich in den Himmel – von der Wurzel empor, zu Stamm und Ast und Blatt und Blüte und Frucht ... So ergeht es auch eurem Lebensbaum. Da ist kein Unterschied zwischen dem Profanen und dem Heiligen.*

# Die Schlange ist der Erlöser

*Sex ist genauso heilig wie Samadhi. Niederstes und Höchstes sind Teil eines kontinuierlichen Fortschreitens. Die niederste Sprosse gehört zur selben Leiter wie die höchste Sprosse – sie sind nicht getrennt. Wenn du das Niedere verleugnest, kannst du nie das Höhere erreichen.*

SEX IST NICHTS, wofür du dich schuldig fühlen müsstest; die Sexualität ist dein Leben. Sex ist deine Realität – wie kannst du sie vermeiden? Wenn du dem Sex aus dem Weg gehst, wirst du unaufrichtig und unecht. Wenn du ihn vermeidest oder verdrängst, kannst du dich nicht höher entwickeln, weil dir die unterdrückte Energie fehlt.

Wenn deine sexuelle Energie sich regt, ist es ein gutes Zeichen: Es zeigt, dass etwas mit dir in Kontakt getreten ist, dich angerührt hat, dich in Bewegung gebracht hat: Der stagnierende Teich hat angefangen zu fließen – in Richtung Meer.

Natürlich ist das Meer noch weit entfernt; du erreichst es erst am Schluss. Wenn aber der kleine Schlammtümpel am Fließen gehindert wird, kann das Wasser den Ozean nie erreichen. Auch ich kenne den Schlamm – man muss ihn annehmen. Ihr müsst anfangen zu fließen!

Die Schlange und der Erlöser – sie sind nicht getrennt, sie sind eins. In einer alten Tradition wird erzählt, dass Gott – nachdem er Adam und Eva erschaffen und sie vor dem Baum der Erkenntnis und dessen Frucht gewarnt hatte – dass Gott danach selbst zur Schlange wurde! Er wickelte sich um den Baum und verführte Eva dazu, die Frucht des Baumes zu essen. Gott verwandelte sich selbst in die Schlange!

Ich liebe diese Geschichte. Sie wird wohl einige Christen schockieren. Aber wer sonst, außer Gott, wäre dazu imstande? Woher sollte die Schlange denn kommen? Und wie hätte die Schlange Eva überreden können, ohne Gottes Hilfe? Im Grunde war es ein abgekartetes Spiel: Gott wollte, dass Adam in die Irre geht, denn nur durch Irrtümer reift der Mensch. Gott wollte, dass der Mensch sündigt, denn nur über die Sünde gelangt er letztlich zur Heiligkeit. Anders ist es nicht möglich.

Deshalb sagte Gott: »Esst nicht die Frucht dieses Baumes!« Das ist simple Psychologie! So wie die Christen es sehen – falls sie Recht haben –, würde es bedeuten, dass Gott noch nicht einmal so viel von Psychologie versteht wie Sigmund Freud. Es ist aber doch eine schlichte psychologische Tatsache, dass etwas Verbotenes erst richtig attraktiv wird, wie ein Magnet. Wenn man sagt: »Tu das ja nicht!«,

kann man sicher sein, dass es getan wird. Das wissen alle Eltern, und Gott ist das Nonplusultra der Elternschaft. Wie sollte er es nicht wissen? Es gibt da eine Geschichte:

*Freud war mit Frau und Kind in den Park spazieren gegangen, und sie schlenderten umher und genossen den schönen Frühlingsabend. Auf das Kind hatten sie nicht mehr geachtet, als es plötzlich Zeit für die Parkschließung war. Die Glocke ertönte, und alle Besucher sollten den Park verlassen. Freuds Ehefrau sagte: »Aber wo ist denn unser Sohn? Er ist verschwunden!« Und es war ein großer Park.*

*Freud sagte: »Sag mir nur eines: Hast du ihm gesagt, dass er irgendwo nicht hin darf?«*

*Und sie sagte: »Ja, ich habe ihm verboten, zum Brunnen zu gehen.«*

*Da sagte er: »Komm, wenn mich mein Gefühl nicht trügt, wird er dort sein.« Und der Junge fand sich tatsächlich am Brunnen.*

*Die Frau staunte und sagte: »Wie konntest du das wissen?«*

*Freud sagte: »Simple Psychologie! Alle Eltern sollten das wissen.«*

Nein, ich kann der christlichen Auslegung keinen Glauben schenken, denn sie lässt Gott als Dummkopf dastehen. Er muss es so geplant haben, als er Adam verbot, die Frucht zu essen. Als er es ihm ausdrücklich untersagte: »Du darfst die Frucht dieses Baumes keinesfalls anrühren!« – da konnte er doch absolut sicher sein, dass Adam sie essen würde.

Doch Adam war der erste Mensch, und er konnte noch nicht wissen, wie es als Mensch so ist. Er war das erste Kind, und deshalb vielleicht folgsam. Es soll ja auch folgsame Leute geben. Darum hat Gott wohl ein paar Tage zugewartet, ob Adam zu dem Baum hingehen würde, aber er tat es nicht. Da muss Gott beschlossen haben, dass er zur Schlange wird und es über die Frau versucht. Wenn man bei einem Mann nichts erreicht, ist es immer gut, sich an die Frau zu wenden. Er redete also mit Eva und hatte Erfolg!

Darum sage ich: Die Schlange und der Erlöser sind eins!

Im Osten war die Schlange nie die Dienerin des Teufels; sie war immer die Dienerin Gottes. Der Osten hat diese Symbolik von der Schlange, die innen in eurem Körper schlummert: Sie ruht aufgerollt im Sexzentrum und wird *Kundalini* genannt, die zusammengerollte Schlange. Sie schlummert an der tiefsten Stelle, an der Wurzel. Der Baum des Lebens ist die Wirbelsäule; sie ist der Stamm, der das Leben birgt und euch nährt. Durch ihn fließt eure Lebensenergie. Und genau dort an der Basis schlummert diese Schlange.

Wenn euch etwas anrührt, wird es auch die Schlange anrühren, denn dort ist eure Energie. Wenn es geschieht, habt keine Sorge und fühlt euch nicht schuldig. Fühlt euch nie für etwas schuldig! Alles, was geschieht, ist gut. Das Böse gibt es nicht und kann es gar nicht geben – die Welt ist so voller Göttlichkeit. Wie könnte da etwas Böses geschehen? Das Böse muss eure eigene Interpretation sein.

Sex und kosmisches Bewusstsein – beides ist die gleiche Energie. Schlange und Erlöser sind nicht zwei. Es gibt ein Verbindungsglied vom Niedrigsten zum Höchsten. Es gibt eine Abfolge der Entwicklung von dem einen zum anderen. Eine Art zu leben, eine Art zu lieben –

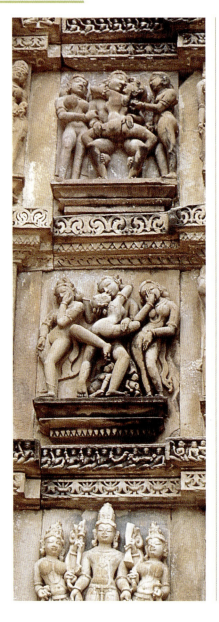

so natürlich und unausweichlich, wie es die Art zu wachsen für einen Baum ist.

Habt ihr gesehen, wie ein Baum sich entwickelt? Wie er tastend nach oben wächst und welchem Plan er dabei folgt? Aus dem Samen keimt der Spross und beginnt sich ganz, ganz langsam nach oben zu strecken. Von tief unten, aus der Erde, wächst er allmählich in den Himmel – von der Wurzel empor, zu Stamm und Ast und Blatt und Blüte und Frucht ... So ergeht es auch eurem Lebensbaum.

Zwischen dem Heiligen und dem Profanen besteht kein Unterschied.

Zwischen der göttlichen und der ganz vulgären, menschlichen Liebe gibt es keine Trennung. Es ist ein Kontinuum. Eure Liebe und die göttliche Liebe sind die beiden Pole des gleichen Phänomens, der gleichen Energie. Eure Liebe mag sich zu sehr im Schlamm aufhalten, durchtränkt von Hass, Wut, Gier, Eifersucht, Besitzdenken ... Mag sein, aber dennoch besteht sie aus Gold. Mit Schlamm vermischt, aber dennoch Gold. Ihr werdet durch ein Feuer gehen müssen, damit sie geläutert wird und reines Gold übrig bleibt.

Akzeptiert euch, denn nur, wenn ihr euch annehmt, ist Transformation möglich. Sobald ihr euch schuldig fühlt, werdet ihr repressiv.

An den Tempeln von Khajuraho und Konarak in Indien könnt ihr sehen, wovon ich rede. Es sind tantrische Tempel, die heiligsten Tempel, die auf der Erde heute noch existieren. Dagegen sind alle anderen Tempel gewöhnlich. Nur Khajuraho und Konarak, diese beiden Tempel, vermitteln eine Botschaft, die nicht gewöhnlich, sondern sehr außergewöhnlich – weil wahr – ist.

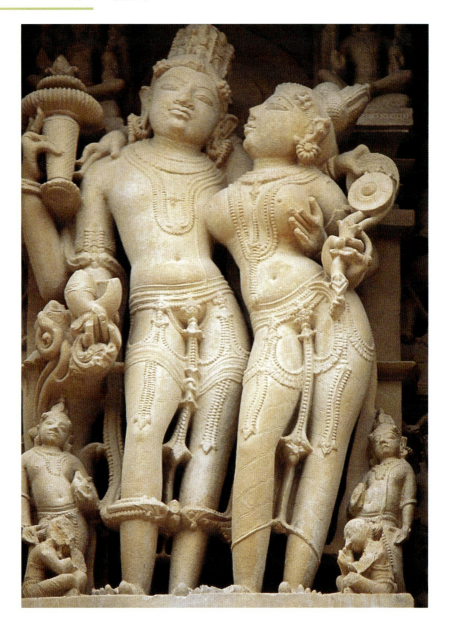

Was ist ihre Botschaft?

Wenn ihr einmal bei diesen Tempeln wart, habt ihr an den Außenwänden, im hellsten Sonnenlicht, Darstellungen aller möglichen sexuellen Stellungen gesehen: Statuen von Männern und Frauen beim Liebesakt, in so vielen verschiedenen Liebesstellungen, denkbaren und undenkbaren, möglichen und unmöglichen. Die Wände strotzen vor Sex. Es ist ein Schock. Ihr beginnt zu denken: »Wie obszön!« Ihr wollt es verurteilen, wollt am liebsten den Blick senken und euch auf- und davonmachen. Aber der Grund für diese Reaktion ist nicht der Tempel. Der Grund für eure Reaktion sind die Priester und all das Gift, das sie euch verabreicht haben.

Und dann geht ihr ins Innere. Je tiefer ihr in den Tempel hineingeht, umso weniger Figuren findet ihr, und die Qualität ihrer Liebe beginnt sich zu verändern. An den äußeren Wänden war es noch pure Geilheit, aber je mehr ihr nach innen geht, desto mehr verschwindet das Sexuelle. Es sind noch Paare da – in tiefer Liebe schauen sie sich in die Augen, halten sich an den Händen, umarmen einander – aber das sexuelle Element ist nicht mehr da. Geht ihr noch tiefer hinein, nimmt die Zahl der Figuren weiter ab. Die Paare halten sich nicht mehr an den Händen, berühren sich nicht einmal. Geht ihr noch tiefer, verschwinden auch die Paare. Und noch tiefer ...

Im innersten Kern des Tempels – was wir im Osten *Gharba*, den Mutterschoß, den Uterus, nennen, ist nicht eine einzige Figur. Die Masse ist fort, die Vielen sind nicht mehr da. Nicht mal ein Fenster nach draußen gibt es. Kein Licht kommt von draußen herein. Es herrscht völliges Dunkel, Stille, Ruhe und Frieden. Da ist nicht mal die Statue eines Gottes – nur Leere, Nichts.

Der innerste Kern: das Nichts – die äußerste Peripherie: ein Karnival. Der innerste Kern ist Meditation, *Samadhi* – die äußerste Peripherie ist sexuelle Geilheit. Hier ist das ganze pralle Menschenleben sinnbildlich dargestellt.

Aber vergesst nicht: Wenn ihr die äußeren Wände zerstört, werdet ihr auch den innersten Schrein zerstören, denn die innerste Stille und Dunkelheit könnten nicht existieren ohne die Außenwände. Das Zentrum des Zyklons kann nicht existieren ohne das Zyklon. Das Zentrum kann nicht existieren ohne die Peripherie. Sie gehören zusammen!

Euer äußeres Leben ist voller Geilheit – das ist vollkommen gut und vollkommen schön! Khajuraho ist einfach euer Abbild. Es ist die in Stein gemeißelte Geschichte des Menschen – von der untersten bis zur obersten Leitersprosse, von den vielen bis zum Einen, von der Liebe bis zur Meditation, vom Du bis zur eigenen inneren Leere und zum Alleinsein.

Kühn waren jene, die diese Tempel schufen! Sie zeigten die ruhende Nabe, den Ruhepol, zusammen mit der wirbelnden Welt.

Der Weg des Tantra propagiert weder blinde Sinnlichkeit noch reine Spiritualität. »Sowohl als auch« ist seine Devise. Tantra unterstützt keine Philosophie des Entweder-oder; es ist für Sowohl-als-auch. Tantra weist überhaupt nichts zurück – alles wird transformiert.

Nur Feiglinge weisen etwas zurück. Wenn du irgendetwas zurückweist, wirst du so viel ärmer sein, denn etwas in dir bleibt untransformiert. Ein Teil bleibt unentwickelt; ein Teil von dir bleibt kindisch. Dein Reifungsprozess bleibt unvollständig. Es wird so sein, als würdest du mit einem Fuß auf der ersten Sprosse der Leiter stehen, während deine Hand sich nach der letzten Sprosse streckt: Zwischen diesen beiden Polen bist du eingespannt, voller Angst und Sorge. Du wirst kein Leben in Ekstase kennen. Deshalb predige ich die Verbindung von Epikur und Buddha. Epikur bleibt an den Außenwänden des Khajuraho-Tempels. Er geht zwar richtig vor, aber er geht nicht weit genug. Er spaziert bloß einmal um den Tempel herum und geht dann heim. Er ist sich nicht bewusst, dass er die wahre Bedeutung des Tempels verpasst hat. Die Außenwände sind nur das Äußere, dazu da, den inneren Schrein zu bergen.

Buddha geht sofort ins Allerheiligste und setzt sich dort hin. In dieser Stille verweilt er und vergisst völlig die Außenwand. Aber ohne die Außenwand gibt es kein Allerheiligstes.

In meinen Augen sind sie beide einseitig. Sie weisen einen Teil zurück und bevorzugen einen anderen – das ist keine Wahlfreiheit. Ich sage: Akzeptiert alles – das Äußere und das Innere, die Außenwelt und die Innenwelt – und ihr werdet die reichsten Menschen der Erde sein!

Tantra ist der Weg der Ganzheit: weder besessen von der Welt, noch zurückgezogen von ihr. Es bedeutet, mit Leichtigkeit in dieser Welt zu leben, mit einem kleinen Lächeln. Es ist Verspieltheit. Tantra nimmt die Dinge nicht so ernst. Es ist leichten Herzens und es lacht gern – ungeniert irdisch und unendlich überirdisch. Erde und Himmel vereinigen sich in Tantra – es ist die Vereinigung der polaren Gegensätze.

Wenn ihr nach Khajuraho geht, könnt ihr es sehen: An den Gesichtern der Liebenden an den gemeißelten Außenwänden ist es abzulesen – eine große Ekstase. Viele Menschen kommen nach Khajuraho und Konarak, aber die meisten sehen nur die untere Hälfte der Figuren: Sie starren auf die Geschlechtsteile. Nur wenige sind überhaupt fähig, die Figuren als Ganzes zu sehen. Und äußerst selten sieht jemand die Gesichter der Figuren – so besessen sind die Leute vom Sex – dafür oder dagegen –, dass sie nur noch auf das Unterteil starren.

Wenn ihr nach Khajuraho kommt, versäumt nicht, die Gesichter der Liebenden zu sehen – sie offenbaren die wirkliche Botschaft. Diese Gesichter sind so glückselig, in solch stiller Verzückung, so meditativ, dass man sonst nirgendwo solche Skulpturen findet. Eine solche Ekstase! In diesen Gesichtern ist selbst der Stein zum Blühen gekommen. Sie haben den Stein in Rosenblüten und Lotosblumen verwandelt.

An diesen Gesichtern könnt ihr sehen, dass diese Liebenden jenseits von Zeit und Raum sind; sie sind darüber hinausgegangen.

Die Figuren sind sexuell aktiv, aber nicht besessen vom Sex – weder dafür noch dagegen. Beides ist Besessenheit und zeigt, dass etwas unnatürlich geworden ist. Wenn es natürlich ist, dann ist man weder dafür noch dagegen.

Seid ihr etwa für den Schaf, oder dagegen? Wenn ihr dafür oder dagegen seid, dann seid ihr unnatürlich geworden. Man kann nicht für oder gegen den Schlaf sein; er ist etwas Natürliches, genau wie der Sex. Sobald der Sex als etwas Natürliches akzeptiert wird, fängt er an, sich höher zu entwickeln. Dann wird eines Tages aus der Knospe spontan eine Blüte. Nicht, dass man irgendetwas dafür tun müsste. Lasst einfach

## Tantra – Vereinigung von Erde und Himmel

die Energie in Bewegung bleiben, lasst den Saft fließen, dann wird die Knospe zur Blüte.

Die Gesichter von Khajuraho sind völlig entspannt, in einer tiefen Losgelöstheit. Sie sind in der Welt, ohne ihr jedoch anzugehören. Sie machen nichts verkehrt, sie sind nur wie kleine Kinder, die am Strand spielen. Sie sind verspielt.

Die sexuell besessenen Leute waren immer schon total gegen Khajuraho. Mahatma Gandhi wollte es sogar mit Erde zuschütten lassen und es nur gelegentlich, wenn ein hoher Besuch aus dem Ausland erwartet wurde, wieder freilegen und herzeigen. Dem gewöhnlichen Publikum, fand er, sollte es verschlossen bleiben.

Wenn man sich vorstellt, Mahatma Gandhi würde Khajuraho besuchen, so wäre er wohl kaum in der Lage, die Gesichter der Figuren zu sehen. Er wäre auch nicht in der Lage, ins Innere des Tempels zu gehen. Das Äußere würde schon genügen, ihn davon abzuhalten. Ich glaube, er könnte sich nicht einmal den äußeren Teil ansehen: Er würde ganz wütend werden und sich sehr schuldig und beschämt fühlen. Wenn man mit vielen so genannten gebildeten Indern über Khajuraho spricht, entdeckt man, dass sie sich dafür schämen. Sie sagen: »Es tut uns Leid, aber diese Tempel repräsentieren nicht die indische Öffentlichkeit; sie sind nicht repräsentativ für unsere Kultur. Es sind Entartungen unserer Kultur – sie repräsentieren uns nicht, und wir finden es bedauerlich, dass sie existieren.«

Diese Tempel repräsentieren aber eine äußerst ganzheitliche Einstellung zum Leben: Alles wird akzeptiert, denn alles ist göttlich.

Für mich ist die höchste Entwicklungsstufe des Menschen nicht der Weise, nicht Buddha, sondern *Shiva Nataraj* – der göttliche Tänzer. Buddha geht zwar tief ins Innere, aber die äußeren Wände fehlen; die äußere Welt wird verleugnet. Shiva enthält sämtliche Gegensätze; er umfasst uneingeschränkt die ganze Existenz. Er lebt im innersten Zentrum des Schreins, tanzt aber auch an den Außenwänden. – Solange der Weise nicht tanzen kann, geht ihm etwas ab.

Das Leben ist ein Tanz. Du musst daran teilnehmen. Je stiller du wirst, umso tiefer ist deine Teilnahme. Ziehe dich nie aus dem Leben zurück. Bleib dem Leben treu, sag total Ja dazu.

Das geschieht, wenn du den innersten Kern des Tempels erreichst. Dort gibt es keinen Anlass zum Tanzen; du könntest auch in Stille dort verweilen. Buddha sagt: Wenn ihr die Erleuchtung erlangt, stehen euch zwei Wege offen: Ihr könnt euch entweder als *Arhat* ans andere Ufer zurückziehen, oder ihr könnt als *Bodhisattva* an diesem Ufer bleiben. Eigentlich besteht kein Grund, an diesem Ufer zu bleiben, wenn ihr erleuchtet seid. Doch Buddha sagt: Um der anderen Menschen willen, aus Mitgefühl für sie, solltet ihr großes Mitgefühl in euch wecken, damit ihr noch ein wenig länger hier bleiben und den Menschen helfen könnt.

Wenn ihr erleuchtet werdet, habt ihr ebenfalls zwei Möglichkeiten: Ihr könnt im Innern des Tempels bleiben, im Mutterschoß, wo es dunkel und fensterlos ist. Wenn ihr überhaupt nicht nach draußen geht, dringt nicht der geringste Lichtstrahl ein; nicht ein Ton von draußen, nichts vom Marktplatz kommt herein. Ihr könnt in absoluter Stille dort sitzen, in zeitloser Stille. Es gibt keinen Anlass, herauszukommen und zu tanzen. Dennoch würde ich hoffen, dass ihr wieder herauskommt, auch wenn es keinen Anlass dafür gibt. Auch wenn eure Reise vollendet ist, wird noch etwas fehlen. Ihr würdet gelernt haben, still zu sein – nun müsstet ihr zeigen, ob eure Stille auch inmitten des Lärms standhält. Ihr würdet gelernt haben, allein zu sein – nun müsstet ihr zeigen, ob ihr allein sein und gleichzeitig lieben könnt. Ihr müsst von den Gipfeln zurück auf den Marktplatz – dort wartet auf euch die höchste Prüfung.

Es gibt also keinen Anlass dafür, das möchte ich wiederholen. Es gibt keinen Anlass und keinen Grund, in die Welt zurückzukehren. Aber es gibt einen inneren Reim und einen Rhythmus, der aus der Stille erwächst. Wenn ihr still geworden seid, dann erschafft Töne, Klang! Eure Stille wird dann noch viel tiefer gehen, durch den Kontrast des Klangs. Wenn ihr das Alleinsein kennt, dann seid nun mit Leuten zusammen. Die Anwesenheit der anderen wird euch helfen, euer Alleinsein noch viel tiefer zu erfahren. Wenn ihr gelernt habt, still zu sein, dann tanzt! Der Tanz wird euch den Hintergrund liefern, vor dem die Stille ganz laut und deutlich vernehmbar sein wird.

Einen Grund gibt es nicht, aber Poesie und Rhythmus, die das Gegenteil einschließen. Begebt euch in das Gegenteil – diese Bedeutung hat *Shiva Nataraj*, der Tänzer der Tänzer, Shiva. Er ist ein Buddha und gleichzeitig in all seinen äußeren Aktivitäten ein weltlicher Mensch.

Das ist das Höchste für Tantra: Götter zu werden und dennoch an dieser Welt teilzunehmen. Wenn ihr mit einer Weinflasche in der Hand auf den Marktplatz zurückkehrt, habt ihr das Höchste erreicht.

## HINDUISTISCHES UND BUDDHISTISCHES TANTRA

Grundsätzlich gibt es nur diese zwei Wege: den Weg der Hingabe, der Andacht, der Liebe, und den Weg der Meditation, der Bewusstheit. Das sind die beiden Hauptwege.

Shiva geht den Weg der Hingabe; es ist der Weg der Andacht, der Liebe. Saraha geht den Weg der Meditation, der Bewusstheit. Die Unterscheidung bleibt formal, denn der Liebende und der Meditierende gelangen ans gleiche Ziel. Ihre Pfeile werden zwar von verschiedenen Bögen abgeschossen, aber sie erreichen das gleiche Ziel. Auf den Bogen kommt es letzten Endes nicht an. Welche Art von Bogen du gewählt hast, spielt keine Rolle, solange das Ziel erreicht wird.

Und dies sind die beiden Bögen – der Pfad der Meditation und der Pfad der Hingabe –, weil sich die Menschen in Denkende und Fühlende einteilen lassen. Man kann sich der Wirklichkeit über das Denken oder über das Fühlen nähern.

Der buddhistische Weg, der Weg Buddhas und Sarahas, geht über die Intelligenz. Grundsätzlich bestimmt der Intellekt den Weg Sarahas. Aber natürlich muss letzten Endes der *Mind* (engl., Denken, Intellekt, Verstand, Geist, Psyche, lat. *mens*, die mentalen Funktionen – Anm. d. Ü.) zurückgelassen werden. Nach und nach muss sich der *Mind* in der Meditation auflösen, muss Denken in Nichtdenken umgewandelt werden. Ein Zustand des Nichtdenkens wird erreicht, indem durch Gewahrsein die Gedanken allmählich zur Ruhe kommen, nachlassen. Die ganze Arbeit findet also am Denken statt.

Shivas Weg ist der des Fühlens, des Herzens. Das Fühlen muss transformiert werden. Die Liebe muss transformiert werden, sodass sie zur Andacht wird. Auf Shivas Weg bleiben der Anbetende und die Gottheit so lange bestehen, bis sie sich auf dem höchsten Gipfel ineinander auflösen. Hört genau hin: Wenn Shivas Tantra zum letzten Orgasmus kommt, löst sich das *Ich* im *Du* auf, und das *Du* löst sich im *Ich* auf – sie sind ein Ganzes, sie werden zur Einheit.

Wenn Sarahas Tantra zum höchsten Gipfel kommt, ist die Erkenntnis: Weder Ich noch Du stimmt, weder Ich noch Du ist wahr, weder Ich noch Du existiert – beide verschwinden. Die eine Null geht in der anderen auf. Zwei Nullen, zwei Leerräume lösen sich ineinander auf.

Auf Sarahas Weg zielt alle Anstrengung darauf ab, das Denken aufzulösen – und schließlich sind *Ich* und *Du* nur Gedanken. Wenn das Denken endgültig aufgelöst ist – wie kannst du dich »Ich« nennen? Und wen willst du deinen Gott nennen? Gott ist ein Gedanke, eine gedankliche Schöpfung, ein Denkkonstrukt, eine bloße Konstruktion des Verstandes. Alles Mentale verschwindet also, und *Shunya*, die Leere, steigt auf.

Auf Shivas Weg hörst du auf, die Form zu lieben, hörst du auf, die Person zu lieben, fängst du an, die ganze Schöpfung zu lieben. Die ganze Existenz wird dein *Du* – dein Gegenüber.

Das Besitzdenken hört auf, die Eifersucht hört auf, der Hass hört auf – alles negative Fühlen hört auf. Das Fühlen wird geläutert, wird immer reiner und reiner. Es kommt der Augenblick, wo nur noch reine Liebe da ist. In diesem Augenblick reiner Liebe löst sich das Ich im Du auf, und das Du löst sich im Ich auf. Auch hier verschwindet ihr, aber nicht wie zwei Nullen; ihr verschwindet, wie der Liebende in der Geliebten verschwindet und die Geliebte im Liebenden verschwindet.

Bis zu diesem Punkt unterscheiden sich die beiden Wege, aber auch das ist nur ein formaler Unterschied. Jenseits davon, was spielt es für eine Rolle, ob ihr wie der Liebende in der Geliebten oder wie zwei Nullein ineinander aufgeht? Das Wesentliche ist, dass du dich auflöst, dass nichts zurückbleibt, dass keine Spur von dir zurückbleibt. Dieses Verschwinden ist Erleuchtung.

Man muss es also genau verstehen: Wenn dich die Liebe anspricht, wird Shiva dich reizen, und *Das Buch der Geheimnisse* wird deine Tantra-Bibel sein. Wenn dich die Meditation anspricht, dann wird Saraha dich reizen. Beide liegen richtig, beide gehen auf die gleiche Reise. Mit wem du reisen möchtest, ist deine Wahl.

Wenn du allein und dabei glücklich sein kannst, dann Saraha. Wenn du allein nicht glücklich sein kannst, wenn dein Glück nur kommt, wenn du dich auf einen anderen beziehst, dann Shiva.

Das ist der Unterschied zwischen dem hinduistischen und dem buddhistischen Tantra.

# Saraha, der Begründer des buddhistischen Tantra

*Vielleicht habt ihr den Namen Saraha noch nie gehört, aber Saraha ist der Begründer des Tantra. Er gehört zu den großen Wohltätern der Menschheit. Geboren wurde er etwa zwei Jahrhunderte nach Buddha, und er war ein Zweig des großen Baumes, der mit Gautama Buddha seinen Anfang nahm. Ein Zweig reicht von Buddha über Mahakashyapa zu Bodhidharma, wodurch Zen geboren wurde, und dieser Zweig steht bis heute in voller Blüte. Ein anderer Zweig reicht von Buddha zu seinem Sohn Rahul Bhadra, von Rahul Bhadra zu Sri Kirti, von Sri Kirti zu Saraha. Und von Saraha ging er weiter zu Nagarjuna und Tilopa – dies ist der Tantra-Zweig des Baumes, den Buddha gepflanzt hat. Er trägt immer noch Früchte in Tibet. Tantra bekehrte Tibet und sein Begründer ist Saraha, geradeso wie Bodhidharma der Begründer von Zen ist. Bodhidharma eroberte China, Korea, Japan. Saraha eroberte Tibet.*

EIN PAAR Einzelheiten über Sarahas Leben: Er kam in Vidarbha zur Welt, das im indischen Bundesstaat Maharashtra liegt, gar nicht weit von Pune entfernt. Er wurde zur Regierungszeit des Königs Mahapala geboren, und zwar als Sohn eines gelehrten Brahmanen, der zum Hof des Königs gehörte. Und wie der Vater gehörte auch der Sohn zum Hofstaat. Er hatte vier Brüder, allesamt große Gelehrte, aber er war der jüngste und intelligenteste von ihnen. Sein Ruhm verbreitete sich allmählich über das ganze Land, und der König war begeistert von seiner hohen Intelligenz. Seine vier Brüder waren zwar auch große Gelehrte, aber nichts im Vergleich zu Saraha. Alle vier verheirateten sich nach und nach.

Der König wollte nun Saraha seine eigene Tochter zur Frau geben, aber Saraha wollte lieber der Welt den Rücken kehren, er wollte *Sannyasin* werden, ein wandernder Sucher.

Das verletzte den König; er versuchte Saraha zu überreden. Ein so wunderbarer Mensch, so intelligent und so gut aussehend! Seinetwegen wurde Mahapalas Hof langsam berühmt. Der König war also sehr besorgt und wollte diesen ungewöhnlichen jungen Mann nicht an *Sannyas* verlieren. Er wollte ihn protegieren, er bot ihm allen erdenklichen Komfort, war bereit, alles für ihn zu tun. Aber Saraha bestand auf seiner Entscheidung, und der König musste ihm seinen Willen lassen. So wurde Saraha *Sannyasin*. Er wurde Schüler von Sri Kirti.

Sri Kirti steht in direkter Linie zu Buddha – zuerst Gautama Buddha, dann sein Sohn Rahul Bhadra und dann Sri Kirti. Nur zwei Meister trennen Saraha von Buddha. Der Baum muss

also noch sehr grün gewesen sein. Buddhas Schwingung muss noch sehr lebendig gewesen. Buddha hatte eben erst die Erde verlassen. Sein Aroma muss deutlich spürbar gewesen sein.

Der König war schockiert, Saraha war schließlich ein Brahmane! Er hätte also, wenn er schon Sannyasin werden wollte, wenigstens ein hinduistischer Sannyasin werden können; statt dessen wählte er einen buddhistischen Meister, Sri Kirti. Als er zu Sri Kirti kam, sagte der als Erstes: »Deine Veden und deine Gelehrsamkeit – diesen ganzen Quatsch kannst du vergessen.« Das war für Saraha nicht leicht, aber er war bereit, alles aufs Spiel zu setzen. Sri Kirti strahlte etwas aus, das ihn wie ein starker Magnet anzog. Er warf all seine Gelehrsamkeit hin und wurde wieder ungelehrt.

Das ist ein ungeheuer großer Verzicht. Es ist leicht, auf Wohlstand zu verzichten; es ist leicht, auf ein großes Königreich zu verzichten, aber auf Wissen zu verzichten, ist das Schwerste von der Welt. Vor allem: Wie soll man es wieder loswerden? Es steckt ja in einem drin! Aus deinem Königreich kannst du davonlaufen, du kannst in den Himalaja gehen; deinen Reichtum kannst du verteilen – aber wie willst du dein Wissen wieder loswerden? Und außerdem ist es schmerzhaft, wieder unwissend zu werden. Es ist der schlimmste Entzug, den es gibt: wieder unwissend zu

werden, so unschuldig wie ein Kind ... Aber er war bereit dazu.

Jahre vergingen, und nach und nach radierte er alles aus, was er wusste. Er drang tief in die Meditation ein. So, wie sich früher sein Ruhm als Gelehrter verbreitet hatte, so breitete sich jetzt sein Ruhm als großer Meditierer aus. Von nah und fern kamen die Leute, nur um einen Blick auf diesen jungen Mann zu werfen, der so unschuldig geworden war, wie ein frisches Blatt, wie die Tautropfen auf dem Gras am Morgen.

Eines Tages, während der Meditation, hatte Saraha eine Vision: Er sah eine Frau auf dem Marktplatz, und er wusste, sie würde seine wahre Lehrerin sein. Sri Kirti hatte ihn nur auf den Weg gebracht, aber die wahre Unterweisung würde von einer Frau kommen.

Nun, auch dies muss man näher verstehen. Tantra ist die einzige religiöse Tradition, die nie unter die Herrschaft der Männer geraten ist. Ja, um in Tantra eingeweiht zu werden, braucht man die Hilfe einer weisen Frau. Ohne eine weise Frau kann niemand in die komplexe Welt des Tantra eindringen.

In seiner Vision sah Sarah eine Frau auf dem Markt. Erstens also: eine Frau. Und zweitens: auf dem Marktplatz; dort, wo das Leben am turbulentesten ist. Die tantrische Haltung ist nicht lebensfeindlich. Tantra ist bedingungslose Bejahung.

Saraha erhob sich. Sri Kirti fragte ihn: »Wo willst du hin?« Er antwortete: »Du hast mir den Weg gezeigt, hast mir meine Gelehrsamkeit genommen, hast meine Tafel sauber gewischt. Du hast die halbe Arbeit schon getan. Jetzt bin ich bereit für die andere Hälfte.« Sri Kirti lachte und segnete ihn. Saraha ging fort, direkt zum Markt. Und das Erstaunliche war: Er fand die Frau aus seiner Vision! Die Frau arbeitete an einem Pfeil – sie war eine Pfeilmacherin.

Und jetzt das Dritte, was ihr euch über Tantra merken müsst: Je gebildeter und je kultivierter jemand ist, desto geringer die Möglichkeit einer tantrischen Transformation. Je unzivilisierter, je primitiver jemand ist, desto lebendiger ist er. Je zivilisierter, desto künstlicher. Dann wird man überzüchtet, man verliert seine Wurzeln in der Erde. Man bekommt Angst vor der schmutzigen Welt. Man hält sich aus der Welt heraus und tut so, als gehöre man nicht dazu. Tantra sagt: Wenn du den wahren Menschen finden willst, musst du zu den Wurzeln gehen.

Für Tantra sind die unzivilisierten, ungebildeten, unkultivierten Menschen die lebendigeren, die vitaleren. Für alle, die noch primitiv sind, ist Wachstum möglich. Ihr seid in die falsche Richtung gewachsen; sie dagegen sind überhaupt noch nicht gewachsen, also können sie noch die richtige Richtung einschlagen. Sie haben ein größeres Potenzial. Sie brauchen nichts rückgängig zu machen, sie können unmittelbar voranschreiten.

Eine Pfeilmachersfrau gehört zur untersten Kaste. Und für Saraha, den gelehrten, berühmten Brahmanen, der zum Hof des Königs gehört hat, ist der Gang zur Pfeilmacherin symbolisch.

Das Gelehrte muss zum Vitalen gehen. Das Künstliche muss zum Wirklichen gehen.

Er sah diese Frau, diese junge Frau, so lebendig, sprühend vor Leben, wie sie den Schaft eines Pfeils schnitzte und dabei weder rechts noch links schaute, völlig in ihre Arbeit an dem Pfeil versunken. Er spürte sofort etwas Außergewöhnliches in ihrer Gegenwart, etwas, das ihm noch nie begegnet war. Selbst sein Meister Sri Kirti verblasste neben der Präsenz dieser Frau. Sie hatte etwas so Frisches, so unmittelbar aus der Quelle!

Sri Kirti war ein großer Philosoph. Zwar hatte er Saraha dazu gebracht, all sein Wissen

aufzugeben, aber er war selbst ein Gelehrter. Zwar hatte er von Saraha gefordert, all seine Veden und Heiligen Schriften aufzugeben, aber er besaß seine eigenen Schriften, seine eigenen Veden. Zwar war er antiphilosophisch, aber diese Anti-Haltung war auch eine Philosophie. Hier war nun plötzlich eine Frau, die weder philosophisch noch antiphilosophisch war, die einfach keine Ahnung von Philosophie hatte, die in ihrer seligen Unschuld nichts von der Welt der Philosophie und des Intellekts wusste. Eine Frau des Handelns, völlig vertieft in ihr Tun.

Saraha schaute genau zu: Den Pfeil bereit, schloss die Frau ein Auge und öffnete das andere, und sie nahm eine Position ein, als würde sie auf eine unsichtbare Zielscheibe zielen. Saraha trat näher heran. Nun, da war keine Zielscheibe; sie nahm nur eine Pose ein. Sie hielt ein Auge geschlossen, das andere Auge war geöffnet, und so stand sie da und zielte auf ein unbekanntes, unsichtbares Ziel.

Sarah fing an, darin eine Botschaft zu wittern. Diese Haltung war symbolisch, das fühlte er, aber was sie bedeutete, schien ihm vage und nebulös. Er fühlte wohl, dass es etwas bedeutete, aber er hatte keine Ahnung, was.

Er fragte die Frau, ob sie Pfeilmacherin von Beruf sei, und die Frau lachte, ein lautes, wildes Lachen und sagte: »Du dummer Brahmane! Die Veden hast du aufgegeben, aber jetzt verehrst du statt dessen die Sprüche Buddhas. Was soll das? Du hast deine Bücher ausgetauscht, hast deine Philosophie gewechselt, aber du bist immer noch der gleiche Dummkopf.«

Saraha war schockiert. Niemand hatte je so zu ihm gesprochen. Nur eine ungebildete Frau konnte so reden. Und die Art, wie sie lachte – so ungehobelt und primitiv! Aber dabei doch sehr lebendig! Er fühlte sich angezogen. Sie war ein großer Magnet und er ein Stück Eisen.

Dann sagte sie: »Und du hältst dich für einen Buddhisten?« Er muss das Gewand eines buddhistischen Mönchs getragen haben, eine ockerfarbene Robe. Und wieder lachte sie und sagte: »Buddha kannst du nur durch Handeln verstehen, nicht durch Worte, nicht durch Bücher. Hast du denn immer noch nicht genug? Verschwende keine Zeit mehr mit dieser sinnlosen Suche. Komm und folge mir!«

Und dann geschah etwas – so etwas wie eine Kommunion. Saraha hatte etwas Derartiges noch nie erlebt. In diesem Moment ahnte Saraha die spirituelle Bedeutung ihres Tuns. Weder nach links noch nach rechts hatte sie geschaut, sondern genau auf die Mitte. Zum ersten Mal begriff er, was Buddha meinte, wenn er davon sprach, genau in der Mitte zu bleiben und die Extreme zu meiden.

Erst Philosoph, dann Antiphilosoph – Saraha war von einem Extrem ins andere gefallen. Erst hatte er die eine Sache angebetet, dann ihr Gegenteil – aber das Anbeten war geblieben.

Man kann von links nach rechts und wieder von rechts nach links umschwenken, aber das hilft nicht viel. Dann ist man wie ein Pendel, das nach links und rechts ausschwingt. Und ist euch schon aufgefallen? Wenn das Pendel nach rechts ausschlägt, sammelt es Schwung, um nach links zu gehen. Und wenn es nach links ausschlägt, sammelt es Schwung, um nach rechts zu gehen. Und so geht die Uhr weiter, und die Welt auch.

In der Mitte zu sein bedeutet, das Pendel in der Mitte anzuhalten und sich weder nach links noch nach rechts zu bewegen. Dann bleibt die Uhr stehen. Die Welt bleibt stehen. Die Zeit hört auf ... Der Zustand der Zeitlosigkeit tritt ein.

Wie oft hatte Sri Kirti ihm das nicht schon gesagt! Er hatte darüber gelesen, hatte darüber nachgedacht, sich in dieses Problem versenkt. Er hatte mit anderen darüber diskutiert, wie wichtig es sei, in der Mitte zu bleiben. Jetzt hatte er es zum ersten Mal in der Praxis gesehen: Die Frau schaute weder rechts noch links; sie schaute genau in die Mitte. Ihr Fokus war in der Mitte.

Die Mitte ist der Punkt, von dem aus die Transzendenz geschieht. Denkt darüber nach, versenkt euch darin und beobachtet es im Leben.

Jemand rennt zum Beispiel wie verrückt hinter dem Geld her. Er ist geldgierig; das Geld ist sein einziger Gott. Früher oder später lässt ihn dieser Gott unweigerlich im Stich. Man kann das Geld nicht zum Gott machen. Das ist eine Selbsttäuschung, eine Projektion.

Früher oder später erkennst du, dass Gott nicht im Geld ist, dass überhaupt nichts im Geld ist, dass du dein Leben damit vertan hast. Dann wirfst du das Steuer herum, beziehst den entgegengesetzten Standpunkt: Du rührst kein Geld mehr an. Aber du bist genauso besessen wie früher, nur bist du jetzt dagegen. Die Besessenheit ist die gleiche. Du bist von links

nach rechts umgeschwenkt, aber das Geld steht immer noch im Mittelpunkt.

Du kannst von einer Leidenschaft zur andern wechseln. Erst warst du zu weltlich, dann wirst du allzu abgehoben – aber die Krankheit bleibt dieselbe, *du* bleibst der Gleiche. Buddha sagt: Weltlich zu sein ist weltlich, und überweltlich zu sein ist ebenfalls weltlich. Das Geld anzubeten ist verrückt, aber gegen das Geld zu sein, ist auch verrückt. Macht zu wollen ist dumm, aber Macht zu meiden ist genauso dumm. Einfach in der Mitte zu sein ist Weisheit.

Zum ersten Mal sah Saraha, was das hieß – bei Sri Kirti hatte er es nie gesehen. Die Frau hatte Recht, wenn sie sagte: »Du kannst es nur lernen, indem du handelst.« Sie war so sehr in das vertieft, was sie tat, dass sie nicht einmal zu Saraha hinschaute, der dort stand und ihr zusah. Sie ging völlig darin auf; sie war total dabei.

Auch dies ist eine buddhistische Botschaft: Etwas total zu tun heißt, frei zu sein vom Tun. Karma entsteht, wenn ihr in eurem Tun nicht total seid. Wenn ihr in eurem Tun total seid, bleibt kein Rest zurück und es hinterlässt keine Spuren. Was immer ihr total tut, ist erledigt, und es bleibt psychologisch keine Erinnerung daran. Tut irgendetwas nur halb, dann bleibt es an euch hängen, geht weiter und wirkt sich wie ein Katzenjammer aus. Der Verstand kann es nicht loslassen und will es zu Ende bringen.

Der Verstand hat die Neigung, immer alles vollenden zu wollen. Wenn du etwas vollendest, kann der Verstand abtreten. Wenn du immer alles total machst, entdeckst du eines Tages, dass das Denken aufgehört hat. Denken – das ist der Schutthaufen aller unerledigten Handlungen der Vergangenheit. Du wolltest eine Frau lieben und hast es nicht getan – jetzt ist sie nicht mehr da. Du wolltest zu deinem Vater gehen und ihn um Verzeihung bitten – und jetzt ist er tot.

Das verfolgt dich nun, wie ein Gespenst. Du bist hilflos – was sollst du tun? An wen sollst du dich wenden? Wen um Verzeihung bitten? Du wolltest nett zu einem Freund sein, aber du hast zugemacht. Jetzt ist er nicht mehr da und es tut weh. Du fühlst dich schuldig, du bereust es.

Und so geht alles weiter ...

Mache irgendetwas total, und du bist frei davon. Dann schaust du nicht mehr zurück, weil nichts offen geblieben ist. Du gehst einfach weiter, mit dem Blick nach vorn, ungetrübt von der Vergangenheit. Mit dieser Klarheit kannst du erkennen, was Wirklichkeit ist.

Eure Sorgen kommen aus all den Dingen, die unerledigt blieben – die reinste Müllhalde. Hier hängt noch etwas nach, und dort war alles nur halbfertig – nichts ist vollständig abgeschlossen.

Ist euch das schon aufgefallen? Habt ihr je wirklich etwas abgeschlossen? Oder ist alles unfertig liegen geblieben? Ihr schiebt einfach die eine Sache beiseite und fangt mit der nächsten an, und bevor ihr damit zu Ende seid, stürzt ihr euch schon wieder auf etwas Neues. So bürdet ihr euch immer mehr Schutt auf. Und genau das bedeutet Karma: unvollständiges Handeln.

Seid also total, und ihr werdet frei sein.

Die Pfeilmacherin verschwand total in ihrer Arbeit. Darum ging ein solches Leuchten von ihr aus; das machte sie so schön. Sie war eine gewöhnliche Frau, aber ihre Schönheit war nicht von dieser Welt. Die Schönheit kam von ihrer restlosen Hingabe. Die Schönheit kam daher, dass sie nicht ins Extrem ging. Die Schönheit kam daher, dass sie in ihrer Mitte blieb, in der Balance. Aus der Balance erblüht Anmut.

Zum ersten Mal begegnete Saraha einer Frau, die nicht nur körperlich, sondern auch geistig schön war. Ihre völlige Versunkenheit in das, was sie gerade tat, ließ ihn zum ersten Mal begreifen: Das war wirkliche Meditation!

Meditation war nicht, eine Zeitlang dazusitzen und ein bestimmtes Mantra zu wiederholen. Oder in die Kirche, den Tempel, die Moschee zu gehen. Voll im Leben zu stehen, mit ganz einfachen Dingen beschäftigt, aber mit einer Hingabe, deren Tiefe sich in jeder Handbewegung offenbart – zum ersten Mal verstand er, was Meditation heißt. Er hatte meditiert, hatte sich so große Mühe gegeben – doch nun trat ihm erstmals lebendige Meditation vor Augen, fast greifbar. Er konnte es spüren.

Ein Auge zu schließen und das andere zu als Worte, Argumente, Schlussfolgerungen. Die linke Hirnhälfte ist aristotelisch. Die rechte Seite ist intuitiv und poetisch – hier sind Inspiration, Vorstellungskraft, Weitblick, Aprioriwissen zu Hause. Hier willst du nichts beweisen, du weißt es einfach. Hier brauchst du nicht logisch zu schließen, du erkennst einfach, a priori.

öffnen ist ein buddhistisches Symbol. Buddha sagt über das Gehirn ... und die Psychologen stimmen heute damit überein! Die Psychologie steht nach zweitausendfünfhundert Jahren heute dort, wo Buddha schon damals war: Buddha erkannte bereits, dass eine Seite des Gehirns logisch denkt und die andere intuitiv ist. Das Hirn ist in zwei Hälften, Hemisphären, geteilt. Die linke Hemisphäre birgt die Fähigkeit zu logischem Denken, Argumentation, Analyse, Philosophie, Theologie ... Worte, Worte, nichts

Die rechte Hirnhälfte ist es, die die Wahrheit erkennt – von der linken Seite her sind nur Rückschlüsse auf sie möglich. Ein Rückschluss ist aber nur ein Rückschluss, keine Erkenntnis.

Plötzlich erkannte Saraha, dass die Frau ein Auge geschlossen hielt – symbolisch hieß das: Schließe das Auge des Verstandes und der Logik. Das andere Auge hatte sie geöffnet – symbolisch für Liebe, Intuition, Bewusstheit.

Dann hatte er eine Erkenntnis bezüglich ihrer Haltung: Auf das Unbekannte, das

Unsichtbare zielend, sind wir auf dem Weg zur Erkenntnis des Unbekannten. Das ist wahres Wissen: das zu wissen, was nicht gewusst werden kann; das zu erkennen, was nicht erkannt werden kann, das zu erlangen, was nicht erlangt werden kann. Diese unmögliche Leidenschaft macht den spirituellen Sucher aus.

Ja, es ist unmöglich. Und mit »unmöglich« meine ich nicht, dass es nicht geschehen kann. Ich meine damit, dass es nur geschehen kann, wenn du total umgewandelt wirst. So wie du bist, kann es nicht geschehen, aber es gibt mehrere Seinsebenen. Du kannst zu einem völlig neuen Menschen werden … und dann geschieht es! Für dich, den veränderten Menschen, ist es möglich. Darum sagt Jesus: Bevor du nicht neu geboren wirst, kannst du das Himmelreich nicht erkennen. Erst ein Mensch, der neu geboren wurde, kann es erkennen.

So wie du bist, musst du verschwinden, dann wird das Neue geboren. Ein neues Bewusstsein entsteht, weil in dir etwas Unzerstörbares ist, etwas, das nicht vernichtet werden kann. Nur das Zerstörbare wird zerstört; das Unzerstörbare bleibt. Wenn du zu diesem unzerstörbaren Element in dir gelangst, zu dieser ewigen Bewusstheit in deinem Innern, dann bist du ein neuer Mensch, ein neues Bewusstsein. Durch dieses Bewusstsein ist das Unmögliche möglich, wird das Unerreichbare erreicht.

Saraha fiel also die Haltung der Frau auf: Nach dem Unbekannten, dem Unsichtbaren, dem Unkennbaren, dem Einen zu zielen – das ist das Ziel. Wie wird man eins mit der Existenz? Das Nichtduale ist das Ziel, wo Subjekt und Objekt verschwinden, wo »Ich« und »Du« nicht mehr da sind.

Es gibt ein großartiges Buch von Martin Buber: *Ich und Du*. Martin Buber sagt, das Gebet sei eine Ich-Du-Erfahrung – und er hat Recht. Gott ist das »Du«, und du bleibst immer ein »Ich«. Du bist mit dem »Du« im Dialog, in Kommunion. Aber der Buddhismus weiß nichts vom Gebet. Der Buddhismus geht auf eine höhere Ebene als das Beten, denn selbst wenn es eine Ich-Du-Beziehung gibt, bleibt ihr zwei, bleibt ihr getrennt. Ihr könnt euch gegenseitig anbrüllen, aber eine wahre Kommunion findet nicht statt. Zur Kommunion kommt es erst, wenn die Trennung von Ich und Du aufgehoben wird, wenn Subjekt und Objekt verschwinden, wenn kein Ich und kein Du mehr existieren, kein Sucher und kein Gesuchtes … wenn es zur Einheit kommt, zum Einklang.

Saraha sagte zu ihr: »Du bist ja gar keine gewöhnliche Pfeilmacherin – es tut mir Leid, dass ich das überhaupt denken konnte. Verzeih, es tut mir ungeheuer Leid! Du bist ein großer Meister – durch dich wurde ich wiedergeboren. Du bist mein Meister und du bist meine Mutter, du hast mir ein neues Leben geschenkt. Ich bin nicht mehr derselbe.«

Die Pfeilmacherin akzeptierte ihn als Jünger. Ja, sie hatte ihn erwartet. Sie zogen auf eine Verbrennungsstätte und lebten dort zusammen. Warum eine Verbrennungsstätte?

Weil du erst den Tod verstehen musst, bevor du das Leben verstehen kannst. Nur wenn du stirbst, kannst du wiedergeboren werden.

Viele Tantra-Adepten haben seitdem auf Verbrennungsfeldern gelebt. Diese Tradition begann mit Saraha. Er lebte zwischen den brennenden Leichen: Tote wurden gebracht, eine Leiche nach der anderen wurde verbrannt, und er lebte dort, war dort zu Hause, zusammen mit der Pfeilmacherin. Es war eine große Liebe. Nicht die Liebe zwischen Mann und Frau, sondern die zwischen Meister und Jünger, die weit über alles hinausgeht, was je zwischen Mann und Frau geschieht – sie ist viel intimer, zweifellos sehr viel intimer ... Denn eine Liebesbeziehung zwischen Mann und Frau ist eine Sache zwischen zwei Körpern. Sie erreicht höchstens ab und zu eine höhere Ebene, aber im Großen und Ganzen bleibt es körperlich. Jünger und Meister – das ist eine Liebesbeziehung der Seelen. Saraha fand seinen Seelenpartner. Sie liebten sich ungeheuer, ihre Liebe war so groß, wie man es kaum auf Erden findet.

Sie lehrte ihn Tantra. Nur eine Frau kann

wirklich Tantra lehren. Sicher, manchmal kann das auch ein Mann, aber es muss ein Mann sein, der sehr, sehr weiblich geworden ist. Eine Frau ist bereits weiblich; sie hat von vornherein die Eigenschaften, die hier nötig sind: die liebende, zärtliche Haltung. Sie hat schon von Natur aus das Herz, die Liebe, das Gespür für das Zarte.

Unter der Anleitung der Pfeilmacherin wurde Saraha zu einem Tantriker. Er meditierte nicht mehr. Er hatte schon die Veden, die Schriften und all sein Wissen hinter sich gelassen, nun ließ er auch noch die Meditation hinter sich. Jetzt verbreitete sich im Land das Gerücht: »Er meditiert nicht mehr! Er singt und tanzt, aber das Meditieren hat er aufgegeben.« Singen und Tanzen war jetzt seine Meditation. Sein Leben wurde ein einziges Fest.

Das Leben als Fest, mitten unter brennenden Leichen? Zu leben, wo nur Tod ist, und freudig zu leben? Das ist das Schöne hier: Tantra bringt die Gegensätze zusammen, die unvereinbaren Dinge. Normalerweise fühlt man sich auf Verbrennungsstätten bedrückt. Es fällt einem nicht leicht, sich dort froh zu fühlen, geschweige denn zu tanzen und zu singen, während Leichen verbrannt werden und Trauernde weinen und wehklagen. Und tagein, tagaus nichts als Tod ... Tag und Nacht. Wie kann man dabei froh sein?

Aber solange ihr euch dort nicht freuen könnt, ist alles, was ihr für Freude gehalten habt, Einbildung. Wenn ihr dort Freude empfinden könnt, dann ist wirklich Freude in euer Leben eingekehrt. Dann ist sie bedingungslos. Dann ist sie unabhängig von Leben oder Tod, unabhängig davon, ob jemand geboren wird oder stirbt.

Saraha fing an, singend und tanzend zu leben. Er war kein ernsthafter Mensch mehr. Tantra ist nicht ernst. Tantra ist spielerisch. Aufrichtig, ja, aber nicht ernst. Tantra ist reine Freude. Die Verspieltheit kam in Sarahas Leben. Tantra ist Spiel, denn Tantra ist eine sehr hoch entwickelte Form der Liebe, und Liebe ist Spiel.

Es gibt Leute, die nicht wollen, dass Liebe spielerisch sei. Viele Religionen finden die körperliche Liebe nur akzeptabel, wenn dabei Kinder gezeugt werden. Sogar die Liebe machen sie zur Arbeit! Die geschlechtliche Liebe soll der Fortpflanzung dienen – als ob die Frau eine Fabrik wäre! Wie hässlich! Und erst das Wort »Geschlechtsverkehr«! Das Wort allein ist schon abstoßend! Liebe macht Spaß! Liebt euch, wenn ihr glücklich seid, wenn ihr fröhlich seid, wenn

### RAHUL WIRD ZU SARAHA

Sarahas ursprünglicher Name war Rahul, der Name, den ihm sein Vater gab. Die Pfeilmacherin nannte ihn Saraha – das bedeutet »der den Pfeil abgeschossen hat«. In dem Augenblick, als er den Sinn ihrer Bewegungen erkannte, den Sinn ihrer symbolhaften Gesten, in dem Augenblick, als er lesen und entschlüsseln konnte, was sie ihm zeigen wollte, da war die Frau ungeheuer glücklich. Sie tanzte und sagte: »Von heute an wirst du Saraha heißen: Du hast den Pfeil abgeschossen. Als du den Sinn meiner Gesten begriffen hast, trafst du ins Schwarze!«

euch ganz leicht ums Herz ist. Schenkt euch gegenseitig diese Energie! Liebt euren Partner, wenn ihr in einer Stimmung von Tanzen und Singen und Lachen seid, aber nicht zum Zweck der Fortpflanzung! Liebt euch aus Freude, aus überströmender Freude. Gebt, wenn ihr habt! So kam das Spiel in Sarahas Leben. Ein Liebender ist immer in spielerischer Laune. Sobald die Verspieltheit stirbt, werdet ihr zu Ehemann und Ehefrau, dann hört ihr auf, Liebende zu sein. Dann pflanzt ihr euch nur noch fort. Und in dem Moment, wo ihr zu Ehemann und Ehefrau werdet, ist etwas Wunderbares gestorben. Es ist nicht mehr lebendig; der Saft fließt nicht mehr. Dann ist es nur noch Mache, nur Theaterspielen..

Spiel kam in Sarahas Wesen, und durch das Spiel wurde wahre Religiosität in ihm geboren. Seine Ekstase war so ansteckend, dass die Leute kamen, um ihn tanzen und singen zu sehen. Und wenn sie kamen und ihm eine Weile zusahen, fingen sie selber an zu tanzen und zu singen. Die Verbrennungsstätte wurde zu einem großen Festgelände. Sicher, es wurden dort nach wie vor Leichen verbrannt, aber immer mehr Leute scharten sich um Saraha und die Pfeilmacherin, und es herrschte eine große Freude.

Die Sache wurde so ansteckend, dass Leute, die noch nie etwas von Ekstase gehört hatten, beim Tanzen und Singen in Ekstase gerieten. Sarahas Ausstrahlung, seine bloße Gegenwart wurde so stark, dass es ganz von allein passierte, wenn man in seiner Nähe war und mitmachte. Es war ein *Contact-High:* Er war so trunken von Ekstase, dass seine innere Trunkenheit auf die anderen übersprang. Er war so *stoned*, dass auch andere *high* davon wurden.

Aber dann passierte das Unvermeidliche: Die Brahmanen und Priester und Gelehrten und die so genannten ehrbaren Leute rotteten sich zusammen und fingen an, ihn zu verleumden und zu beschimpfen. Ich sage unvermeidlich, denn wo immer ein Mann wie Saraha auftaucht, sind die Gelehrten und Priester gegen ihn, und mit ihnen die so genannten moralischen Leute, die Puritaner, die Selbstgerechten. Sie fingen an, völlig unbegründete Gerüchte über ihn auszustreuen. So redeten sie den Leuten ein: »Er ist von Gott abgefallen. Er ist ein Perverser. Er ist kein Brahmane mehr. Er hat das Zölibat gebrochen. Nicht einmal ein buddhistischer Mönch ist er mehr. Er lässt sich auf schamlose Weise mit einer Frau aus niederer Kaste ein und rennt herum wie ein verrückt gewordener Hund.« In ihren Augen war seine Ekstase wie die Tollwut eines Hundes – es kommt immer darauf an, wie man etwas interpretiert. Er tanzte auf dem ganzen Verbrennungsplatz herum. Er war verrückt, aber nicht wie ein tollwütiger Hund, sondern wie ein verzückter Gott! Es kommt darauf an, wie man die Dinge sieht.

Der König wollte natürlich genau wissen, was da los war. Immer mehr Leute berichteten ihm. Sie wussten, dass der König immer große Stücke auf Saraha gehalten hatte und ihn zu seinem Kanzler machen wollte, dass aber Saraha statt dessen der Welt entsagt hatte. Der König machte sich Sorgen. Er hatte den jungen Mann geliebt, hatte ihn geachtet und machte sich nun Sorgen. Also sandte er ein paar Leute zu Saraha, die ihn überreden sollten. Es heißt, dass Saraha diesen Abgesandten des Königs, die ihn zur Umkehr überreden wollten, hundertsechzig Verse vorsang, und als sie diese Verse hörten, fingen sie selber an zu tanzen und zu singen ... und kehrten nie zum Hof zurück. Jetzt war der König noch mehr beunruhigt.

Die Königin, seine Frau, war auch schon immer an diesem jungen Mann interessiert gewesen. Sie wollte ihn zum Schwiegersohn. Also ging sie persönlich hin. Saraha sang ihr achtzig Verse vor ... und die Königin kam nicht zurück. Jetzt war der König ratlos: »Was geht da vor sich?« Also begab sich der König selbst zum Verbrennungsplatz, und Saraha sang vierzig Verse für ihn. Da wurde der König bekehrt und fing ebenfalls an, wie ein verrückter Hund zwischen den Scheiterhaufen herumzutanzen.

Es gibt also drei Schriften, die in Sarahas Namen überliefert worden sind. Erstens *Sarahas Lied an das Volk*, hundertsechzig Verse. Zweitens *Sarahas Lied an die Königin*, achtzig Verse. Und drittens *Sarahas Lied an den König*.

Hundertsechzig Verse für das Volk – weil dessen Verständnis nicht so weit entwickelt war. Achtzig für die Königin – sie war schon ein Stück weiter, konnte mehr verstehen. Und vierzig für den König – denn er war ein Mann von hoher Intelligenz, Bewusstheit und Einsicht.

Und weil der König sich bekehren ließ, folgte das ganze Land seinem Beispiel. Eines Tages, sagen die Schriften, war das ganze Land leer. Leer?! – Die Leute wurden zu Niemanden, sie verloren ihre Ego-Tripps. Sie fingen an, den Augenblick zu genießen. Das ganze idiotische Treiben, der ganze brutale Kampf ums Dasein verschwand. Es wurde ein stilles Land, voller Göttlichkeit. Und die Verse des Saraha waren die Wurzel, der Ursprung, die Quelle.

# Sarahas Lied an den König

*Hört diesen wunderbaren Vers von Saraha:*

*Auch wenn im Haus die Lichter brennen,*
*Leben die Blinden weiter im Dunkeln.*
*Auch wenn das Spontane allgegenwärtig nah,*
*Bleibt den Verblendeten es ständig fern.*

ER SAGT: Sieh! Ich bin erleuchtet! Auch wenn im Haus die Lichter brennen, ist mein innerster Wesenskern nicht mehr dunkel. Schau doch! Siehst du nicht dieses ungeheure Licht in mir? Meine Seele ist erwacht! Ich bin nicht mehr der alte Rahul, den du kanntest, ich bin Saraha! Mein Pfeil hat ins Schwarze getroffen!

*Auch wenn im Haus die Lichter brennen,*
*Leben die Blinden weiter im Dunkeln.*

»Aber was kann ich machen?«, sagt Saraha. Wenn einer blind ist, kann man alle Lichter im Haus anzünden, er bleibt trotzdem im Dunkeln. An Lampen fehlt es nicht, aber deine Augen sind zu. Hör also nicht auf Blinde! Mach einfach nur die Augen auf und sieh mich an. Sieh mich, sieh den Menschen, der hier vor dir steht. Die Blinden leben weiter im Dunkeln, auch wenn im Haus die Lichter brennen.

*Auch wenn das Spontane allgegenwärtig nah ...*

Und ich bin dir so nah ... das Unmittelbare, Spontane ist dir so nah: Du kannst es gleich jetzt anfassen, kannst es essen und trinken. Du kannst mit mir tanzen und mit mir ekstatisch sein.

Ich bin so ungeheuer nah – du kommst dem Spontanen vielleicht nie wieder so nahe!

*... bleibt den Verblendeten es ständig fern.*

Sie reden von Erleuchtung und lesen die Sutren des Patanjali; sie reden von großen Dingen. Aber jedes Mal, wenn dies Große wirklich geschieht, sind sie dagegen.

Das ist sonderbar an den Menschen. Der Mensch ist ein seltsames Tier. Ihr wisst Buddha noch so sehr zu schätzen, aber wenn Buddha kommt und euch gegenüber steht, erkennt ihr ihn nicht. Ihr wendet euch womöglich gegen ihn und werdet sein Feind. Warum?

Wenn du ein Buch über Buddha liest, ist alles in Ordnung – das Buch ist in deiner Hand. Aber wenn du einem lebendigen Buddha gegenübertreten sollst, hast du ihn nicht in der Hand, dann fällst du ihm in die Hände. Darum die Angst und der Widerstand, der Wunsch zu fliehen. Am besten entgehst du ihm, wenn du dir einredest, dass er sich irrt, dass etwas mit ihm nicht stimmt.

Tantra – Vereinigung von Erde und Himmel

Das ist der einzige Ausweg – dir selbst zu beweisen, dass er Unrecht hat. Und du kannst tausend und eine Sache finden, die du an einem Buddha aussetzen kannst, weil du die Augen zukneifst und blind bist. Dein Verstand ist im Aufruhr. Du kannst alles Mögliche projizieren.

Nun ist dieser Mann hier zum Buddha geworden – und alle zerreißen sich das Maul über die Frau aus der untersten Kaste. Sie haben die Wirklichkeit dieser Frau nicht näher betrachtet. Sie haben nur an die Tatsache gedacht, dass sie eine Pfeilmacherin ist, eine *Sudra*, eine Unberührbare aus der unteren Kaste. Wie kann ein *Brahmin*, ein Brahmane, eine Unberührbare berühren? Wie kann er an einem solchen Ort mit ihr leben? Und sie haben gehört, dass die Frau ihm das Essen kocht. Eine große Sünde, ein schlimmer Verstoß! Ein Brahmane, der etwas isst, was eine *Sudra* gekocht hat, eine Unberührbare, eine aus der untersten Kaste!

Und was hat ein Brahmane zwischen all den Scheiterhaufen zu suchen? Und er lebt dort! Brahmanen haben in Tempeln, in Palästen zu wohnen, aber nicht zwischen Scheiterhaufen, Totenschädeln und Leichen, mitten im Schmutz. Das ist doch pervers!

Aber sie haben sich überhaupt nicht mit einer Tatsache beschäftigt: Erst wenn man den Tod verstanden hat, kann man das Leben verstehen. Wer tief in den Tod hineinschaut hat, der weiß, dass das niemals Leben stirbt. Wer sich tief mit dem Tod beschäftigt hat, der weiß, dass das Leben den Tod überdauert, dass der Tod überhaupt keinen Unterschied macht, dass der Tod unwesentlich ist.

Wer das nicht weiß, weiß nichts vom Leben – das Leben ist zeitlos, ewig. Nur der Körper stirbt, nur das Tote stirbt; das Lebendige geht weiter. Aber um das herauszufinden, muss man sich auf tiefe Experimente einlassen. Und davon wollen diese Leute natürlich nichts wissen. Jetzt haben sie gehört, dass Saraha seltsame Dinge treibt. Stellt euch den Klatsch vor, und all die Übertreibungen! Die Gerüchte müssen nur so gewuchert haben. Jeder trägt sein Quäntchen dazu bei. Und es gibt Praktiken im Tantra, über die es sich ausgezeichneten klatschen lässt.

Im Tantra sitzt der Mann vor der Frau, der nackten Frau, und er muss sie so tief anschauen so durch und durch, dass all sein Verlangen nach dem Anblick einer nackten Frau verschwindet. Danach ist der Mann frei von der Form. Das ist natürlich eine sehr geheime Technik. Dann hörst du auf, dir nackte Frauen im Kopf vorzustellen. Normalerweise möchtest du jede Frau, die dir auf der Straße begegnet, am liebsten ausziehen – das ist nun einmal so.

Würdest du nun plötzlich Saraha vor einer nackten Frau sitzen sehen – was würdest du davon halten? Du siehst mit eigenen Augen: »Aha, der tut also genau das, was ich auch schon immer tun wollte, aber nie tat. Ich bin besser als er. Zumindest tu ich so was nicht! Natürlich hab ich so meine Fantasien, aber das sind schließlich nur Gedanken, keine Taten. Er ist gestrauchelt!«.

Diese Gelegenheit, selbstgerecht darüber zu urteilen, wird sich wohl keiner entgehen lassen. Aber was tut Saraha wirklich? Es ist eine sehr geheime Wissenschaft. Durch Hinschauen und Beobachten, über Monate hinweg, meditiert der Tantriker über die Körperform der Frau, über

ihre Schönheit, schaut sich alles an, was er sich gern ansehen möchte. Reizen ihn die Brüste? Gut, er sieht sich die Brüste an, er meditiert über sie. Er muss sich von der Form befreien, und der einzige Weg, über die Form hinauszugehen, besteht darin, sie so gründlich kennen zu lernen, dass sie allen Reiz für ihn verliert.

Es geschieht also genau das Gegenteil von dem, was die Gerüchteköche verbreitet haben. Saraha geht über den Sex hinaus.

Er wird nie wieder eine Frau ausziehen wollen, nicht einmal in Gedanken, nicht einmal im Traum. Diese Besessenheit wird er los sein. Aber die Masse, der Mob, hat seine eigenen Vorstellungen. Ahnungslos und unbewusst reden sie über Dinge, die sie nicht verstehen.

*Auch wenn das Spontane allgegenwärtig nah,*
*Bleibt den Verblendeten es ständig fern.*
*Auch wenn es viele Flüsse geben mag,*
*Sind sie doch eins im Meer,*

*Auch wenn es viele Lügen geben mag,*
*Wird eine Wahrheit sie alle besiegen.*
*Wenn auch nur eine Sonne aufgeht,*
*Weicht das Dunkel, sei es noch so tief.*

Saraha sagt: »Sieh mich an! – die Sonne ist aufgegangen. Daher weiß ich: Wie tief deine Dunkelheit auch sein mag. Sie wird weichen! Sieh mich an! – die Wahrheit ist in mir geboren. Du magst Tausende von Lügen über mich gehört haben, die eine Wahrheit wird sie alle besiegen.«

*Auch wenn es viele Flüsse geben mag,*
*Sind sie doch eins im Meer.*

Komm näher! Lass deinen Fluss in mein Meer münden, dann hast du meinen Geschmack.

*Auch wenn es viele Lügen geben mag,*
*Wird eine Wahrheit sie alle besiegen.*

Die Wahrheit ist eins, der Lügen gibt es unzählige. Nur Lügen können unzählig sei – die Wahrheit nicht. Die Gesundheit ist eins, der Krankheiten gibt es viele. Eine Gesundheit besiegt alle Krankheiten, und eine Wahrheit besiegt alle Lügen.

*Wenn auch nur eine Sonne aufgeht,
Weicht das Dunkel, sei es noch so tief.*

In diesen vierzig Versen lädt Saraha den König ein, in sein inneres Sein einzutreten; er hat ihm sein Herz geöffnet.

Und er sagt: Ich bin nicht hier, um dich mit Logik zu überzeugen. Ich bin hier, um dich existenziell zu überzeugen. Ich gebe dir keinen einzigen Beweis und sage auch kein Wort zu meiner Verteidigung. Mein Herz steht dir einfach offen – komm herein und sieh selbst, was geschehen ist. So nah ist das Unmittelbare, das Spontane, so nah ist das Göttliche, so nah die Wahrheit! Die Sonne ist aufgegangen – mach die Augen auf!

Vergesst eines nicht: Der Mystiker hat keinen Beweis.

Er kann keinen Beweis haben, das liegt nicht in der Natur der Sache. Er ist der Beweis – und so kann er euch nur sein Herz entblößen.

Über diese Verse, diese Lieder des Saraha, müsst ihr tief meditieren. Jeder Vers kann bei euch zur Öffnung einer Blüte im Herzen führen. Der König wurde befreit – auch ihr könnt befreit werden. Saraha hat ins Schwarze getroffen. Auch ihr könnt ins Schwarze treffen.

Jeder von euch kann ein Saraha werden – einer, der seinen Pfeil abgeschossen hat.

*So wie das Meer entlässt die Wolke,
Und als Regen sie zur Erde kehrt zurück,
So bleiben Meer und Himmel immer gleich
Und nehmen weder zu noch ab.*

Er sagt zum König: Sieh dir den Himmel an. Es gibt dort zwei Phänomene: den Himmel und die Wolke. Die Wolke kommt und geht. Nicht so der Himmel – er kommt und geht niemals. Die Wolke ist manchmal da, manchmal nicht; sie ist ein zeitliches Phänomen, sie ist etwas Vorübergehendes. Der Himmel ist immer da; er ist ein zeitloses Phänomen, er ist Ewigkeit. Die Wolken können ihn nicht beflecken, mögen sie auch noch so schwarz sein. Es gibt keine Möglichkeit, ihn zu beflecken. Seine Reinheit ist absolut, seine Reinheit ist unberührbar, seine Reinheit ist immer jungfräulich; nichts kann sie verletzen. Wolken kommen und gehen, das tun sie seit eh und je, aber der Himmel ist so rein wie immer, keine einzige Spur bleibt zurück.

Es gibt also zwei Dimensionen des Daseins: Die eine ist wie der Himmel, die andere wie die Wolke. Deine Handlungen sind wie Wolken, sie kommen und gehen. Und du? – Du bist wie der Himmel: Du kommst nie und gehst nie. Deine Geburt und dein Tod, das sind die Wolken – sie geschehen. Und du? – Du bist kein Geschehen. Dich gibt es immer. Es geschehen viele Dinge in dir, aber du geschiehst nie.

Die Dinge geschehen, genau wie die Wolken am Himmel. Du bist schweigender Zuschauer dieses ganzen Spiels der Wolken. Manchmal sind sie weiß und großartig, manchmal dunkel, abgründig und erschreckend. Manchmal sind sie voll mit Regen, manchmal leer. Manchmal sind sie ein großer Segen für die Erde, und manchmal richten sie großen Schaden an. Manchmal bringen sie Überflutungen und Zerstörung, und manchmal Leben, üppiges Grün und reiche Ernte. Doch der Himmel bleibt immer gleich: Ob gut oder schlecht, göttlich oder teuflisch – die Wolken können ihm nichts anhaben.

Tantra – Vereinigung von Erde und Himmel

Handlungen sind wie Wolken. Taten sind wie Wolken. Das Sein ist wie der Himmel. Sarah sagt: Sieh auf meinen Himmel! Sieh nicht auf mein Tun. Du brauchst nur den Blickpunkt zu verschieben – nichts anderes, nur deinen Blickpunkt zu verschieben. Verlagere deine Aufmerksamkeit. Du schaust auf die Wolke, du achtest auf die Wolke, aber dabei vergisst du den Himmel. Dann plötzlich fällt dir der Himmel wieder ein. Du verschiebst die Aufmerksamkeit von der Wolke auf den Himmel, und plötzlich wird die Wolke uninteressant, plötzlich bist du in einer ganz anderen Dimension.

Eine bloße Verschiebung des Blickpunkts – und schon ist die Welt anders. Wenn du das Verhalten eines anderen beobachtest, achtest du auf die Wolke. Wenn du die innere Reinheit seines Wesens im Auge hast, beobachtest du den Himmel. Wenn du die innere Reinheit im Auge hast, erscheint dir nie jemand als böse, dann ist die gesamte Schöpfung heilig. Wenn du auf die Taten schaust, kommt dir niemand heilig vor. Selbst der heiligste Mensch ist nicht davor gefeit, viele Fehler zu begehen, was seine Taten betrifft. Wenn du auf die Taten schaust, kannst du selbst bei Jesus, Buddha, Mahavira, Krishna, Rama verkehrte Handlungen entdecken. Selbst der größte Heilige wird dann zum Sünder.

Viele Bücher sind über Jesus geschrieben, worden unzählige Abhandlungen. Viele zu seinen Gunsten, um zu beweisen, dass er Gottes Sohn ist. Natürlich gelingt ihnen der Beweis. Und dann gibt es viele, die beweisen wollen, dass er nichts anderes war als ein Neurotiker. Auch das lässt sich beweisen. Und alle reden von demselben Menschen! Wie geht das? Wie schaffen sie das? Die einen picken sich die weißen Wolken heraus, die anderen die schwarzen – und beide sind da, weil keine Handlung nur schwarz oder nur weiß sein kann. Sie muss immer beides zugleich sein.

Bei allem, was du tust, bringst du immer sowohl Gutes als auch Schlechtes in die Welt – egal, was du tust. Allein die Entscheidung, etwas zu tun, beinhaltet schon, dass vieles daran gut, aber auch vieles falsch sein wird. Nimm irgendeine Handlung: Du gibst einem Bettler Geld und tust damit Gutes. Doch der Bettler kauft sich Gift und begeht Selbstmord. Deine Absicht war gut, aber das Endergebnis schlecht. Oder du willst einem Kranken helfen und bringst ihn ins Krankenhaus. Er wird wieder gesund, und dann begeht er einen Mord. Nun, ohne deine Hilfe gäbe es einen Mord weniger auf der Welt. Deine Absicht war gut, aber das Endergebnis war schlecht.

Sollte man also nach der Absicht urteilen oder nach dem Ergebnis? Und wer kennt schon die Absicht? Sie ist etwas Inneres. Du könntest ja insgeheim gehofft haben, der Mann würde den Mord begehen, wenn er wieder gesund ist ...

Manchmal kommt es vor, dass eine schlechte Absicht ein gutes Ergebnis bringt: Jemand wirft einen Stein nach einem Mann, der seit Jahren an Migräne leidet. Der Stein trifft ihn am Kopf, und seither ist die Migräne weg! Was nun? Wie soll man diese Tat beurteilen? War es ethisch? Oder verwerflich? Eigentlich wollte er den Mann ja umbringen, aber nun hat's die Migräne erwischt!

So ähnlich ist übrigens die Akupunktur entstanden. Eine großartige Wissenschaft, eine der größten Wohltaten für die Menschheit ist so entstanden! Ein Mann hatte viele Jahre unter Kopfschmerzen gelitten. Eines Tages wollte ihn ein anderer Mann, der sein Feind war, töten. Hinter einem Baum verborgen, schoss er einen Pfeil ab. Dieser traf den Mann ins Bein, und er fiel hin – und die Kopfschmerzen gingen weg! Jene, die ihn versorgten, und die Ärzte der Stadt wunderten sich, wie das geschehen konnte. Ganz zufällig hatte der Pfeil eine bestimmte Stelle am Bein getroffen, und die Energie im Körper kam wieder ins Fließen. Die Schmerzen im Kopf verschwanden. So wurden die Punkte in der Akupunktur gefunden.

Wenn du zu einem Akupunkteur gehst und sagst: »Ich habe Kopfweh«, rührt er deinen Kopf vielleicht gar nicht an. Mag sein, dass er anfängt, deinen Fuß oder die Hand zu drücken. Oder er setzt Nadeln an der Hand oder am Rücken. Du fragst erstaunt: »Was machen Sie denn? Mein Kopf ist doch das Problem, nicht der Rücken!« Aber er weiß es besser. Der ganze Körper ist ein vernetztes elektrisches System aus von Hunderten von Punkten, und er weiß, wo er die Energie stimulieren muss, um den Fluss zu verändern. Alles ist untereinander verbunden.

Angeblich ist so die Akupunktur entstanden. Dieser Mann, der den Pfeil auf seinen Feind abschoss – war er nun ein großer Heiliger oder ein Sünder? Schwer zu sagen! Geht man nach den Handlungen, kann man es sich aussuchen, ob man die guten oder die schlechten wählt. Insgesamt hat jede Tat Gutes und Schlechtes.

Genau genommen ist meines Erachtens – und bitte, meditiert darüber! – bei allem, was man tut, Gutes und Schlechtes immer in gleichen Anteilen enthalten. Ich sag es noch mal anders: Gutes und Schlechtes halten sich immer die Waage; sie sind die zwei Seiten derselben Münze. Wenn du etwas Gutes tust, muss auch etwas Schlechtes mit dabei sein, und umgekehrt, denn irgendwo muss sich die andere Seite auch immer zeigen, denn beides existiert zusammen.

So mancher Sünder hat sich schon als ein Segen erwiesen, und Heilige richten manchmal großen Schaden an. Heilige und Sünder sitzen im selben Bot! Sobald ihr das begriffen habt, ist Veränderung möglich. Dann beurteilt ihr einen Menschen nicht mehr nach seinen Handlungen. Dann verlagert ihr euren Blickwinkel und seht den Himmel und nicht die Wolken.

Genau das sagt Saraha dem König: »Du hast Recht!«, sagt er. »Die Leute haben dir diese Dinge erzählt, und es ist nicht falsch, was sie sagen. Ich renne herum wie ein verrückter Hund! Gewiss, wenn du nur nach den Taten gehst, wirst du irregeführt. Dann kannst du mich nicht verstehen. Betrachte meinen inneren Himmel. Betrachte meine innere Priorität. Betrachte mein inneres Wesen. Nur so kannst du die Wahrheit erkennen. Ja, ich lebe mit dieser Frau zusammen, und normalerweise heißt das genau, was es heißt. Dies ist aber kein normales Zusammenleben. Es ist überhaupt keine Mann-Frau-Beziehung; es hat nichts mit Sex zu tun. Wir leben zusammen als zwei »Räume«, als zwei Freiheiten. Wir leben zusammen als zwei leere Boote. Man muss den Himmel betrachten, nicht die Wolken.

*So wie das Meer entlässt die Wolke,*
*Und als Regen sie zur Erde kehrt zurück,*
*So bleiben Meer und Himmel immer gleich*
*Und nehmen weder zu noch ab.*

Und an noch etwas erinnert ihn Saraha: Betrachte das Meer. Millionen Wolken steigen aus dem Meer auf, so viel Wasser verdunstet, doch das Meer wird deswegen nicht weniger. Die Wolken regnen auf die Erde herab, aus kleinen Bächen werden große Flüsse, viele Flüsse treten über die Ufer, doch alles Wasser eilt zurück zum Ozean, zurück ins Meer.

Sämtliche Flüsse dieser Erde ergießen ihr Wasser ins Meer, doch das Meer nicht dadurch nicht zu, das Meer bleibt gleich. Es ist kein Unterschied, ob etwas weggenommen oder hinzugefügt wird. Der Vollkommenheit kann nichts weggenommen oder hinzugefügt werden.

Saraha sagt damit: Sieh! Das innere Wesen ist so vollkommen, dass deine Handlungen die eines Sünders sein mögen, ohne dass es dein Wesen schmälert. Deine Handlungen mögen die eines Heiligen sein, ohne dass es dein Sein steigert. Du bleibst immer der Gleiche.

Das ist ein ungeheuer revolutionärer Satz, eine großartige Erkenntnis. Saraha sagt: Die kann weder etwas hinzugefügt noch etwas genommen werden – so groß ist deine innere Vollkommenheit. Du kannst nicht schöner werden und du kannst auch nicht hässlich werden. Du kannst nicht reich werden und du kannst nicht arm werden. Du bist wie das Meer.

Das buddhistische *Vaipulya*-Sutra enthält die Beschreibung von zwei äußerst kostbaren Juwelen im Ozean: Das eine Juwel verhindert, dass der Ozean weniger wird, wenn ihm Wasser entnommen wird, und das andere verhindert, dass der Ozean zu groß wird, wenn ihm Wasser zufließt. Diese beiden kostbaren Juwelen verhindern, dass dies je geschieht. Der Ozean wird nie mehr und nie weniger. Er ist so unermesslich groß, dass es keine Rolle spielt, wie viele Wolken daraus aufsteigen und wie viel Wasser verdunstet. Er ist so riesig, dass es keine Rolle spielt, wie viele Ströme in ihn münden und ihre Riesenmengen an Wasser zuführen. Er bleibt immer gleich.

Genauso ist der innere Kern eures Seins. Genauso ist der innere Kern der Existenz. Zunahme und Abnahme sind nur an der Peripherie, nicht im Zentrum. Ob du viel Wissen anhäufst oder völlig unwissend bleibst – es ist nur an der Oberfläche. Kein Wissen kann dich wissender machen, als du es schon bist. Nichts kann dir hinzugefügt werden. Deine Reinheit ist unendlich – sie lässt sich nicht steigern.

Darin besteht die tantrische Vision. Dies ist der Kern der tantrischen Lebenshaltung: Du bist so, wie du bist. Da ist kein Verlangen nach Vervollkommnung. Du musst nicht gut sein, musst nicht dies oder jenes verändern. Du musst nur alles annehmen, wie es ist und dich an den Himmel in dir, an das Meer in dir erinnern. Nach und nach wächst das Verständnis, indem du weißt, wann etwas eine Wolke ist und wann der Himmel, wann etwas ein Fluss ist und wann das Meer. Sobald du mit deinem Meer in Einklang gekommen bist, verschwindet alles ängstliche Bestreben, jegliches Schuldgefühl. Du wirst arglos wie ein Kind.

Der König hatte Saraha als großen Gelehrten gekannt, und nun benahm er sich wie ein Ignorant. Er hatte aufgehört, seine Veden zu rezitieren, er vollzog nicht mehr die Rituale, die ihm seine Religion vorschrieb, ja er meditierte nicht einmal mehr! Er tat nichts von alledem, was normalerweise für religiös gehalten wird.

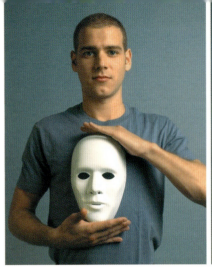 

Was tat er hier auf der Verbrennungsstätte, wo er nun lebte, wo er tanzte und sang wie ein Verrückter und so vieles tat, was gegen die Tradition verstieß? Wo war all sein Wissen hin?

Saraha sagt: Du kannst mir all mein Wissen nehmen – es macht keinen Unterschied, denn ich werde dadurch nicht weniger. Oder du kannst sämtliche Schriften der Welt bringen und sie mir eintrichtern – es macht keinen Unterschied; ich werde dadurch nicht mehr.

Er war ein angesehener Mann gewesen, das ganze Königreich hatte ihn geachtet. Und nun stand er plötzlich im denkbar schlechtesten Ruf. Dennoch sagt Saraha: Selbst wenn du mir sämtliche Ehren zuteil werden ließest, die es gibt, würde es mir nichts hinzufügen. Oder selbst wenn du mir sämtliche Ehren entzögest und mich beleidigtest ... Selbst wenn du alles tätest, um meinen Ruf zu zerstören – es würde nichts an mir ändern. Nichts von alledem geschieht *mir*. Egal, was du tust – ich bleibe der Gleiche. Ich bin das, was nie mehr und nie weniger wird.

Ich weiß jetzt, ich bin nicht die Wolke – ich bin der Himmel. Es ist mir egal, was die Leute denken:

die Wolke schwarz oder weiß ist, denn ich bin nicht die Wolke. Ich bin nicht dieser kleine Fluss, dieses Bächlein, dieser winzige Teich ... Ich bin kein Wasserglas. Ein Sturm im Wasserglas kann leicht entstehen, weil es so klein ist. Ein Löffel weniger oder mehr Wasser, und es fehlt etwas oder es fließt über.

Saraha sagt: Ich bin das endlose Meer. Nimm so viel, wie du nehmen willst oder gib so viel, wie du geben willst – es spielt keine Rolle.

Sieh die Schönheit dieser Aussage! Wenn es keine Rolle mehr spielt, dann bist du nach Hause gekommen. Solange irgendetwas eine Rolle spielt, bist du noch weit entfernt. Solange du deine Handlungen noch steuerst und besonders klug und besonnen sein willst, solange du noch denkst: »Ich sollte dies tun« oder: »Ich sollte jenes nicht tun«, bist du noch weit entfernt. Dann denkst du immer noch im Rahmen des Vergänglichen und nicht des Ewigen.

## SEIN UND TUN

Tantra vertraut ins Sein, nicht ins Tun oder in den Charakter, denn wenn das Sein transformiert ist, sind auch die Handlungen transformiert. Nur so könnt ihr euer Tun verändern. Wer hätte je sein Tun direkt verändern können? Ihr könnt es bloß vortäuschen. Wenn Wut in euch ist und ihr euer Tun ändern wollt, was werdet ihr tun? Ihr werdet die Wut unterdrücken und ein falsches Gesicht zeigen. Dann müsst ihr eine Maske aufsetzen. Wenn sexuelle Begierde in euch ist, was werdet ihr tun, um es zu ändern? Ihr könnt Keuschheit geloben und so tun, als ob würdet ihr euch daran halten, aber innerlich brodelt es weiter. Ihr sitzt auf einem Vulkan, der jeden Moment ausbrechen kann. Es ist ein ständiges Zittern und Angsthaben.

Seht ihr die so genannten Frommen? Sie haben ständig Angst vor der Hölle und bemühen sich, in den Himmel zu kommen. Aber sie haben keine Ahnung vom Himmel. Sie hatten noch nie eine Kostprobe davon. Wenn du dein Bewusstsein veränderst, kommt der Himmel zu dir, und nicht du kommst in den Himmel. Niemand kam je in den Himmel und niemand je in die Hölle.

Dies sei ein für allemal geklärt: Der Himmel kommt zu euch, und die Hölle kommt zu euch. Es hängt ganz von dir ab – was du einlädst, das kommt.

Wenn dein Sein sich verändert, wirst du plötzlich für den Himmel erreichbar. Der Himmel kommt zu dir herunter. Wenn dein Sein sich nicht verändert, bist du gespalten. Du versuchst etwas zu erzwingen, das nicht da ist. Du wirst immer unechter, bis du in zwei Personen gespalten bist, schizophren. Nach außen zeigst du das eine, aber innen bist du etwas anderes. Du sagst etwas, aber du tust es nie; statt dessen tust du etwas ganz anderes. Du spielst ständig Verstecken mit dir selbst. In so einem Zustand ist es natürlich, in Sorge und Angst zu leben – und das ist die Hölle.

ZWEITER TEIL

# Die Wissenschaft des Tantra

*Tantra ist Wissenschaft, Tantra ist nicht Philosophie. Es ist einfach, Philosophie zu verstehen, weil man dazu nur den Intellekt braucht. Wenn man Sprache versteht, wenn man Begrifflichkeit versteht, kann man Philosophie verstehen. Man braucht sich nicht zu verändern; es erfordert keine Transformation. – So wie du bist, kannst du Philosophie verstehen, aber nicht Tantra. Um Tantra zu verstehen, brauchst du eine Veränderung ... oder vielmehr, eine Mutation. Nur wenn du bereit bist, eine Mutation zu erfahren, kannst du Tantra verstehen. Denn Tantra ist kein intellektuelles Konzept, es ist eine Erfahrung. Nur wenn du für diese Erfahrung empfänglich, bereit und verwundbar bist, kann sie dich erreichen.*

# Die Sprache der Stille

*Wir haben die Verbindung zur Existenz verloren, haben unsere Wurzeln verloren. Wir sind wie ein entwurzelter Baum: Der Saft fließt nicht mehr, er ist vertrocknet. Es erblühen keine Blüten, keine Früchte reifen. Und keine Vögel werden bei uns Zuflucht finden. Das kommt, weil wir noch nicht geboren sind. Wir halten zwar die physische Geburt für unsere Geburt, aber wir sind noch nicht wirklich geboren. Wir existieren nur als Potenzial. Wir sind noch nicht verwirklicht – daher rührt unser ganzes Unglück. Verwirklichung ist Seligkeit, Potenzialität ist Unbehagen. Unser Potenzial lässt uns nicht zur Ruhe kommen. Die Chance, unser Potenzial zu verwirklichen, erzeugt eine ständige Unrast, Ruhelosigkeit. Etwas will geschehen. Doch wir hängen in der Luft.*

E S IST WIE MIT DEM Samen einer Pflanze. Wie kann der Same sich ausruhen und entspannen? Ruhe und Entspannung ist nur den Blüten bekannt. Der Same kann nur eine tiefe Angst empfinden, ein ständiges Zittern. Sein Zittern kommt daher, dass er nicht weiß, ob er sein Potenzial verwirklichen kann. Ob es ihm gelingen wird, den richtigen Boden zu finden, das richtige Klima, den richtigen Himmel. Wird er aufgehen? Oder wird er einfach sterben, ohne je geboren zu werden? Innerlich zittert der Same vor Angst, vor Ungewissheit. Es raubt ihm den Schlaf. Der Same leidet an Schlaflosigkeit.

Potenzial ist Ehrgeiz. Das Potenzial sehnt sich nach der Zukunft. Kennst du das nicht? Sehnst du dich nicht ständig nach etwas, das geschehen sollte, aber nicht geschieht? Dieses fortwährende Verlangen, Hoffen, Wünschen, Träumen in dir ... Aber nichts geschieht! Das Leben strömt vorbei; es gleitet dir durch die Finger. Der Tod kommt immer näher, und du bist noch nicht *wirklich*. Wer weiß, was früher kommt: Verwirklichung, Erkenntnis, Erblühen – oder der Tod? Wer weiß das schon? Daher die Angst, die Unruhe, das Zittern.

Søren Kierkegaard hat gesagt, der Mensch sei ein Zittern. Ja, der Mensch ist ein Zittern, weil er ein Same ist. Und Friedrich Nietzsche sagte, der Mensch sei eine Brücke. Ganz genau! Der Mensch ist kein Ort zum Ausruhen, er ist eine Brücke, die zu überqueren ist. Der Mensch ist eine Tür, die durchschritten werden muss. Man kann sich nicht darauf ausruhen, ein Mensch zu sein. Der Mensch ist noch kein *Sein*; er ist ein abgeschossener Pfeil, noch unterwegs – ein Seil, gespannt zwischen zwei Ewigkeiten. Spannung ist der Mensch. Allein der Mensch leidet an Besorgnis – als einziges Lebewesen. Was kann der Grund dafür sein?

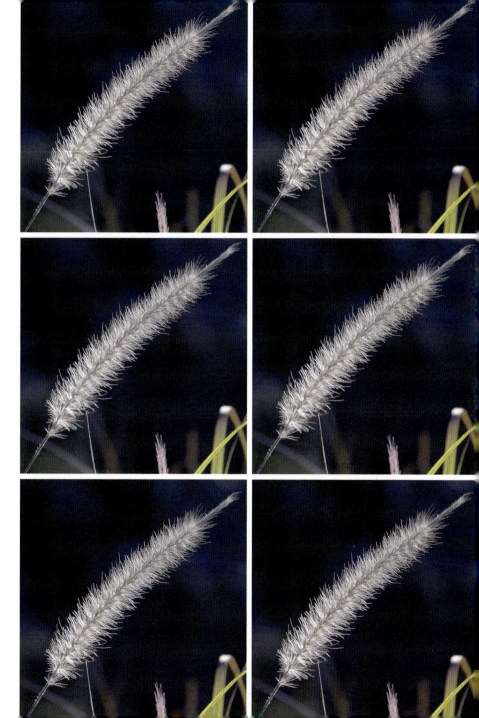

Nur der Mensch existiert als Möglichkeit. Ein Hund ist verwirklicht – mehr kann er nicht werden. Ein Wasserbüffel ist verwirklicht. Da steht nichts mehr aus, was noch kommen sollte. Es wäre absurd, einem Büffel zu sagen: »Du bist noch kein richtiger Büffel.« Nur dem Menschen kann man sagen: »Du bist noch kein Mensch.« Zu einem Menschen kann man sagen: »Du bist noch unvollendet.« Aber einem Hund zu sagen: »Du bist unvollendet«, wäre sehr dumm. Alle Hunde sind absolut vollendet.

Der Mensch hat Möglichkeit, hat Zukunft. Für den Menschen ist alles offen. Daher die ständige Sorge: Werde ich es schaffen? Wird es mir dieses Mal gelingen? Wie oft schon habe ich es nicht geschafft – wird es diesmal wieder so sein? Darum sind wir Menschen nicht glücklich. Die ganze Schöpfung ist ein ständiges Feiern, ein großes Singen, eine große Freude, ein einziger Jubel. Die ganze Schöpfung ist eine Orgie, ein ewiger Karneval. Die gesamte Schöpfung ist ein permanenter Orgasmus! Nur der Mensch lebt darin wie ein Fremder.

Wir Menschen haben die Sprache der Unschuld verlernt. Der Mensch hat verlernt, mit der Schöpfung in Kontakt zu sein. Der Mensch hat verlernt, mit sich selbst in Kontakt zu sein.

Mit sich selbst in Kontakt zu sein heißt, zu meditieren. Mit der Schöpfung in Kontakt zu sein heißt, andächtig zu sein. Genau diese Sprache haben wir vergessen. Darum sind wir wie Fremde – Fremde in der eigenen Heimat, Fremde für uns selbst. Weder wissen wir, wer wir sind, noch wissen wir, warum wir hier sind, noch wissen wir, wofür wir weiterleben. Es ist wie ein endloses Warten ... Warten auf Godot.

Keiner weiß, ob Godot jemals kommen wird. Und überhaupt, wer ist dieser Godot? Nicht mal das weiß man! Aber auf irgendetwas müssen wir schließlich warten, also kreieren wir uns eine Idee und warten, dass sie sich erfüllt. Gott ist so eine Idee, das Paradies ist so eine Idee, *Nirvana* ist so eine Idee. Man muss auf etwas warten, denn irgendwie muss man ja sein Inneres füllen, damit man sich nicht so leer fühlt. Warten gibt dir ein Gefühl von Sinn und Zweck. Dann fühlst du dich gut: Du hast etwas, worauf du wartest. Es ist zwar noch nicht da, aber irgendwann ...

Was genau soll denn da eigentlich passieren? Wir haben noch nicht einmal die richtige Frage gestellt! Ihr wisst: Wenn ihr erst mal die richtige Frage gestellt habt, ist die richtige Antwort nicht weit – gleich um die Ecke. Nein, genauer noch: Sie steckt schon in der Frage selbst. Wenn du die richtige Frage stellst, findest du allein schon durch das Fragen die richtige Antwort.

Aber wir verpassen es ständig, mit der Schöpfung, mit der ganzen Existenz, in Kontakt zu treten, weil wir dafür das Denken benutzen. Der Verstand trennt uns von der Existenz, er schneidet die Verbindung ab. Über das Denken können wir uns nicht ans Universum ankoppeln. *Das Denken ist die Barriere.* Die Gedanken verbarrikadieren dein Sein wie eine Chinesische Mauer. Wenn du im Nebel deiner Gedanken umhertappst, kannst du der Wirklichkeit nicht begegnen. Nicht, dass das Wirkliche weit weg wäre – es ist immer ganz nah! Höchstens einen Moment des Innehaltens entfernt! Aber wenn du dich aufs Denken, Herumbrüten, Analysieren, Interpretieren und Philosophieren verlegst, gehst du immer mehr in die Irre. Dann entfernst du dich immer weiter von der Wirklichkeit. Je mehr Gedanken du hast, desto schwerer wird es, einen klaren Blick zu bewahren. Gedanken erzeugen einen dichten Nebel; sie machen blind.

Ein Grundpfeiler des Tantra ist die Einsicht: Ein denkender Geist ist ein irrender Geist. Das Denken ist nicht die geeignete Sprache, um mit der Wirklichkeit in Verbindung zu treten. Was ist dann aber die richtige Sprache? *Nichtdenken!*

Im Umgang mit der Wirklichkeit sind Worte sinnlos. Schweigen ist sinnvoll. Schweigen ist fruchtbar, Worte hingegen tot.

Erlerne wieder die Sprache des Schweigens! Im Bauch deiner Mutter hast du etwas erlebt – du hast es völlig vergessen –, was dem gleicht: Neun Monate lang hast du kein einziges Wort mit deiner Mutter gesprochen, aber ihr wart dennoch vereint – in tiefem Schweigen. Es gab keine Schranke zwischen dir und deiner Mutter. Es gab *dich* nicht, als losgelöstes Selbst.

In diesem tiefen Schweigen wart ihr eins. Es war eine ungeheure Einheit – keine Vereinigung, denn dazu gehören zwei. Es herrschte Einheit.

An dem Tag, da du wieder ins Schweigen fällst, geschieht genau das: Du fällst zurück in den Mutterschoß der Existenz und bist mit ihr wieder verbunden – auf eine völlig neue Weise. Nun, nicht so ganz neu, denn du kanntest es schon vom Mutterleib, hattest es nur vergessen.

So ist es also zu verstehen, wenn ich sage, dass der Mensch die Sprache verlernt hat, mit der Existenz in Verbindung zu treten. Es ist so wie damals, als du im Mutterleib mit deiner Mutter verbunden warst: Jede kleinste deiner Schwingungen übertrug sich auf deine Mutter, und jede ihrer Schwingungen übertrug sich auf dich. Ihr wart in innigstem Einverständnis; es gab keine Missverständnisse zwischen euch.

Nur das Denken schafft Missverständnisse. Oder kannst du jemanden missverstehen, ohne zu denken? Ist das möglich? Kannst du mich missverstehen, wenn du keine Gedanken über mich hast? Wie ist Missverstehen da möglich? Und wie könntest du mich verstehen, wenn du dabei Gedanken hast? – Unmöglich!

Sobald ihr denkt, interpretiert ihr schon. Sobald ihr denkt, seht ihr nicht mehr mich, sondern ihr weicht mir aus, versteckt euch hinter euren Gedanken. Eure Gedanken kommen aus eurer Vergangenheit, aber ich bin hier – in der Gegenwart. Ich mache eine Aussage, hier und jetzt, und ihr bringt die Vergangenheit ins Spiel!

Ihr kennt alle den Tintenfisch. Wenn er sich verstecken will, hüllt er sich in eine Wolke aus dunkler Tinte. Er versprüht seine Tinte, dann kann man ihn nicht mehr sehen. Er macht sich in dieser dunklen Tintenwolke unsichtbar. Es ist eine Sicherheitsmaßnahme. Genauso macht ihr es auch, wenn ihr eine Gedankenwolke loslasst und darin verschwindet. Dann kommuniziert ihr nicht mehr, und keiner kann euch erreichen.

Es ist nicht möglich, mit einem denkenden Kopf, einem *Mind*, zu kommunizieren. Nur mit einem Bewusstsein kann man kommunizieren. Ein Bewusstsein ist ohne Vergangenheit. Ein Kopf, der denkt, ist nichts als Vergangenheit.

Tantra sagt demnach: Lerne die Sprache des Orgasmus! Im Liebesakt mit einer Frau, einem Mann – was geschieht da? Für Sekunden – und selbst das ist selten und wird immer seltener, je mehr die Zivilisation voranschreitet – für einige wenige Sekunden seid ihr aus dem Kopf raus.

Mit einem Schlag bist du vom Denken abgekoppelt. Mit einem Ruck wirst du jenseits des Verstandes katapultiert. In diesen paar Sekunden, in denen du das Denken verlässt, bist du wieder in Kontakt mit dem Ganzen, bist du wieder im Mutterschoß – im Schoß deiner Frau, im Schoß deines Mannes. Ihr seid nicht getrennt, es herrscht wieder Einheit, nicht Vereinigung. Wenn ihr euch liebt, vereinigt ihr euch erst, aber beim Orgasmus geht eure Vereinigung über in Einheit, Einssein. Die Dualität ist aufgehoben.

Was geschieht in einer solchen tiefen Gipfelerfahrung? Tantra erinnert euch immer wieder daran, dass das, was in diesem höchsten Moment geschieht, genau die Sprache ist, um mit der Existenz in Verbindung zu treten.

Es ist die Sprache deiner innersten Wahrheit, die Sprache deines wahren Seins. Du kannst es dir entweder so vorstellen, dass es wie damals im Schoß der Mutter ist, oder so, wie wenn du im

Schoß des geliebten Partners verschwindest und der Verstand einige Sekunden lang aussetzt.

Diese Momente von Nichtdenken, *No-Mind*, sind das Wetterleuchten des Erwachens, erste Kostproben der Ewigkeit, ein Schimmer des Göttlichen. Wir haben nur die Sprache verlernt.

Diese Sprache ist Liebe. Die Sprache der Liebe ist ohne Worte. Wenn zwei Liebende in tiefer Harmonie sind – in dem Zustand, den C.G. Jung Synchronizität nennt, in dem alle Schwingungen sich synchronisieren, in dem beide auf der gleichen Wellenlänge sind ... dann ist ihnen nicht nach Reden zumute. Liebende schweigen. Nur Eheleute reden. Im Grunde können Eheleute deshalb nicht schweigen, weil Sprache das Mittel ist, einander aus dem Weg zu gehen. Was sie reden, ist egal. Hauptsache, sie können sich in ihrer Tintenwolke verschanzen! Dort sind sie sicher.

Sprache ist nicht das Mittel, um einander nahe zu kommen. Sie ist eher das Mittel, sich gegenseitig aus dem Weg zu gehen. Wenn du wirklich liebst, wirst du vielleicht die Hand des geliebten Menschen halten, aber du schweigst. Du bist still, ohne Regung. Auf dem reglosen See deiner Bewusstheit überträgt sich die Botschaft. Es ist eine Botschaft ohne Worte.

Tantra sagt: Lernt die Sprache der Liebe, die Sprache des Schweigens. Es ist die Sprache der gemeinsamen Präsenz, die Sprache des Herzens, unserer innersten Wahrheit.

Wir haben uns eine unwirkliche Sprache zugelegt, eine Fremdsprache – zweckmäßig für den Marktplatz. Dort ist mit Schweigen nichts auszurichten. Doch wenn es um höhere Ebenen des Bewusstseins geht, ist Sprache hinderlich.

# Tantra und Yoga

*Tantra und Yoga sind grundsätzlich verschieden. Sie erreichen das gleiche Ziel, aber ihre Wege sind nicht nur verschieden, sondern einander entgegengesetzt. Das muss ganz klar verstanden werden.*

YOGA IST EBENFALLS ein Prozess, mit seiner eigenen Methodik. Auch Yoga ist eine Technik, und keine Philosophie. Wie Tantra beruht auch Yoga auf Handeln, Methode, Technik. Auch im Yoga führt das Tun zum Sein, nur der Prozess ist ein anderer: Im Yoga muss man kämpfen – es ist der Weg des Kriegers. Auf dem Weg des Tantra braucht man überhaupt nicht zu kämpfen. Im Gegenteil, man darf sich alles gönnen – aber mit Bewusstheit.

Yoga ist Unterdrückung mit Bewusstheit. Tantra ist Zulassen mit Bewusstheit. Tantra sagt: Was auch immer du sein magst – nichts steht dem Höchsten entgegen. Alles ist ein Prozess des Wachstums, und du kannst zum Höchsten hinwachsen. Zwischen dir und der Wirklichkeit ist kein Widerspruch. Du gehörst zu ihr, darum ist Kampf, Konflikt oder Widerstand gegen die Natur überhaupt nicht angesagt. Du sollst die Natur nutzen, sollst alles nutzen, was du bist – und es dadurch transzendieren.

Im Yoga musst du gegen dich ankämpfen, über dich hinauswachsen. Im Yoga sind Welt und *Moksha*, die Befreiung, zwei gegensätzliche Dinge – das, was du bist und das, was du sein kannst. Unterdrücke, bekämpfe und beseitige das, was du bist, um das zu werden, was du sein kannst! Im Yoga ist Transzendenz ein Sterben: *Du* musst sterben, damit das wahre Sein geboren wird. In den Augen von Tantra ist Yoga ein Selbstmord. Du musst dein natürliches Selbst abtöten – deinen Körper, deine Instinkte, deine Wünsche – alles. Tantra sagt: Akzeptiere dich, so wie du bist! Es ist ein tiefes Annehmen. Schaffe keine Kluft zwischen dir und dem Wirklichen, zwischen Welt und *Nirvana*. Schaffe keinerlei Distanz. Für Tantra besteht keine Diskrepanz. Ein Tod ist unnötig. Für deine Neugeburt ist kein Tod nötig, nur Transzendenz. Um über dich selbst hinauszuwachsen, solltest du alles benutzen, was zu dir gehört.

Zum Beispiel, die Sexualität: Sie ist die elementare Energie, durch die und mit der du geboren wurdest. Im Grunde sind alle Zellen deines Körpers Geschlechtszellen. Vielleicht kreisen deshalb die Gedanken des Menschen ständig um Sex. Yoga kämpft dagegen an, und dadurch verlagert sich das Zentrum. Durch das Kämpfen wird ein anderes Zentrum geschaffen. Je mehr man kämpft, umso mehr kristallisiert sich ein neues Zentrum. Dann steht der Sex nicht mehr im Mittelpunkt. Das bewusste Angehen gegen die sexuelle Energie schafft eine neue Mitte, einen neuen Schwerpunkt,

Die Wissenschaft des Tantra 59

einen Kristallisationspunkt. Die Energie hört auf, sich sexuell auszudrücken. Im Kampf gegen die Sexualität wird Energie generiert. Es entsteht eine neue Energie, ein neues Seinszentrum. Tantra benutzt die sexuelle Energie. Du kämpfst nicht dagegen, sondern wandelst sie um. Du betrachtest sie nicht als Feind, sondern freundest dich mit ihr an. Es ist *deine* Energie. Sie ist nicht böse, nicht schlecht. Jede Energie ist natürlich. Sie kann für dich, aber auch gegen dich genutzt werden. Du kannst sie zu einer Blockierung, zu einem Hindernis machen, oder zu einer Leitersprosse. Richtig genutzt, wird sie zum Freund, falsch genutzt, wird sie zum Feind. Sie ist aber keines von beiden; sie ist einfach natürlich. Aber so, wie Sex in der Regel gelebt wird, macht er die Leute kaputt, laugt er sie aus.

Yoga geht damit auf Konfrontationskurs. Weil die Triebhaftigkeit den Menschen schadet, sagt Yoga: Hört auf zu begehren, werdet frei von Begierde! Widerstrebt dem Begehren und erlangt Integrität durch Begierdelosigkeit.

Tantra lehrt, sich der Begierde bewusst zu werden, ohne gegen sie anzukämpfen. Es sagt, dass du dich voll bewusst in die Begierde hineinbegeben sollst; dann wirst du über sie hinauswachsen. Du bist mittendrin, und gleichzeitig bist du nicht die Begierde. Du gehst durch sie hindurch, aber du bleibst außerhalb.

Yoga hat große Anziehungskraft, weil es der üblichen Einstellung entgegengesetzt ist. Eben deshalb kann der gewöhnliche Verstand die Sprache von Yoga verstehen. Ihr wisst genau, dass der Sex euch aufreibt. Wie er euch kaputt macht, um den Finger wickelt, euch versklavt und zur Marionette macht. Ihr wisst es aus

eigener Erfahrung. Wenn Yoga sagt: »Kämpfe dagegen an!«, versteht ihr es sofort. Das ist der vordergründige Reiz, den Yoga ausübt.

Tantra erscheint da nicht so erstrebenswert: Der Begierde nachzugeben, ohne sich von ihr überwältigen zu lassen? Im Sexakt bewusst zu bleiben, aber mit voller Wachheit? Das macht dem Verstand normalerweise Angst. Es scheint gefährlich. Nicht, dass es gefährlich *ist*, aber nach allem, was du vom Sex weißt, kommt es dir gefährlich vor. Du kennst dich, du weißt, wie leicht du dir etwas vormachen kannst. Du weißt genau, wie listig dein Verstand ist. Du kannst einem Verlangen nachgeben – im Sex, in allem Möglichen –, und kannst dir leicht einreden, dabei voll bewusst zu sein. Du witterst Gefahr.

Die Gefahr liegt nicht im Tantra, sondern in euch. Der Reiz des Yoga liegt in euch selbst, in eurer üblichen, sexuell unterdrückten, nach Sex ausgehungerten, sexbesessenen Einstellung. Nur weil die übliche Einstellung zum Sex so krank ist, scheint Yoga attraktiv. Wären die Menschen besser dran und hätten sie eine gesündere, natürliche, normale sexuelle Einstellung, dann läge der Fall anders, aber so ... Wir sind weder normal noch natürlich. Wir sind absolut anormal, krankhaft, geistesgestört. Weil aber alle anderen auch so sind, merken wir es nicht.

Die Geistesstörtheit ist so normal, dass es eher anormal ist, wenn einer *nicht* geisteskrank ist. Ein Buddha erscheint uns anormal, ein Jesus in unserer Mitte wäre anormal. Sie gehören nicht zu uns. Unsere »Normalität« ist krank. Unser »normales« Denken lässt Yoga attraktiv werden. Wer aber Sex als natürlich akzeptiert, ohne philosophische Verbrämung, ohne Ideologie pro und kontra, wer mit Sex so natürlich und zwanglos umgehen kann wie mit seinen Händen oder seinen Augen, für den wird Tantra interessant. Ihm kann Tantra viel bringen. Tantra ist im Kommen. Früher oder später wird es eine tantrische Explosion in der Masse geben, denn die Zeit ist reif, zum ersten Mal – reif für einen natürlichen Umgang mit Sex.

Vermutlich wird diese Explosion aus dem Westen kommen, denn Freud, Jung und Reich haben den Boden dafür bereitet. Sie hatten keine Ahnung von Tantra, aber sie haben den richtigen Boden bestellt, auf dem Tantra gedeihen kann.

Die westliche Psychologie hat erkannt, dass die menschliche Grundkrankheit etwas mit Sex zu tun hat. Unsere ganze Geistesgestörtheit rührt von unserer Einstellung zur Sexualität her.

Nur wenn wir unsere sexuelle Fixierung überwinden, können wir natürliche und normale Menschen sein. Die menschliche Entwicklung ist aufgrund der vorherrschenden Einstellung über Sex verkehrt gelaufen. Natürlich wäre es, überhaupt keine Einstellung zum Sex zu haben.

Habt ihr etwa eine Einstellung zu euren Augen? Sind sie böse oder göttlich? Seid ihr für oder gegen sie? Ihr habt dazu keine Einstellung, und genau deshalb sind eure Augen normal.

Tantra sagt: Akzeptiere dich, so wie du bist. Das ist der Grundton: totales Akzeptieren. Nur durch totales Akzeptieren kannst du wachsen. Nutze alle Energien, die du zur Verfügung hast. Wie machst du das? Indem du sie annimmst und erforschst, wie diese Energien beschaffen sind. Was ist Sex denn überhaupt? Worin besteht dieses Phänomen? Wir sind nicht damit vertraut.

Wir wissen zwar viel *über* Sex – was andere uns darüber erzählt haben. Wir mögen den Sexakt kennen, aber meist erledigen wir die ganze Sache mit Schuldgefühlen, verklemmt, in Eile. Man will nur schnell diese Spannung loswerden.

Der Sexakt ist für die meisten Menschen kein Akt der Liebe. Er macht sie nicht glücklich, aber sie können auch nicht auf ihn verzichten. Doch je mehr ihr dem Sex aus dem Wege gehen wollt, umso attraktiver wird er. Je mehr ihr ihn ablehnt, umso magischer zieht er euch an.

Ihr könnt den Sex nicht aus der Welt schaffen, aber mit eurer feindseligen Haltung, mit eurer Destruktivität zerstört ihr genau die Bewusstheit und Empfindsamkeit, die allein zu seinem Verständnis führen könnte. So macht ihr ohne jede Sensibilität weiter, ohne Verständnis. Nur mit tiefer Sensibilität, Einfühlung und tiefem Mitgehen gelangt ihr zum Verständnis.

Du kannst den Sex nur verstehen, wenn du dich wie ein Dichter im Blütengarten in ihm aufhältst – nur so! Wenn du wegen der Blüten Schuldgefühle hast, wirst du mit geschlossenen Augen durch den Garten hetzen, getrieben von einer tiefen, wahnwitzigen Hast. Nichts wie weg hier! Wie willst du da bewusst bleiben?

Tantra sagt also: Akzeptiere dich, wie auch immer du bist. Du bist ein großes Mysterium, eine multidimensionale Energie. Akzeptiere alles und geh mit jeder Energie mit – sensibel, bewusst, liebevoll, äußerst verständnisvoll. Folge dem Fluss! Dann wird jedes Verlangen zu einem Sprungbrett, das dich jenseits davon führen kann. Dann wird dir jede Energie zur Unterstützung. Dann wird dir diese Welt zum *Nirvana* und dein eigener Körper zum Tempel – einem heiligen Ort, einem Heiligtum.

Yoga ist Verneinung, Tantra ist Bejahung. Yoga denkt dualistisch. Daher das Wort »Yoga«: »zwei Dinge zusammenfügen«, »zwei Dinge unter ein Joch spannen«. Diese Zweiheit, diese Dualität bleibt bestehen. Für Tantra gibt es keine Dualität. Solange Dualität existiert, können die zwei Seiten nie zusammenkommen. Was man auch anstellt, sie bleiben zwei; und so geht der Zwist weiter, der Dualismus bleibt bestehen.

Wenn Welt und Göttlichkeit zweierlei sind, können sie nie zusammenkommen. Nur wenn sie in Wirklichkeit nicht zwei sind, sondern nur so erscheinen, können sie sich vereinen. Wenn Körper und Seele zwei sind, können sie nicht zusammenkommen. Solange du und Gott zwei seid, könnt ihr nie zusammenkommen.

Für Tantra gibt es keine Dualität – sie ist nur Schein. Warum den Schein noch fördern? Löst ihn jetzt sofort auf! Seid eins! Im Akzeptieren wirst du eins, nicht im Kampf. Akzeptiere die Welt, akzeptiere den Körper, akzeptiere alles, was in ihm wohnt. Erschaffe kein anderes Zentrum in dir, denn dieses neue Zentrum wäre nichts anderes als Ego. Erzeuge kein Ego, sagt Tantra. Sei dir einfach dessen bewusst, was du bist. Wenn du kämpfst, kommt das Ego hinzu.

Einen Yogi zu finden, der kein Egoist ist – das ist schwer. Auch wenn die Yogis noch so viel von Egolosigkeit reden, können sie selbst nicht egolos sein. Ihre ganze Methode erschafft das Ego. Kämpfen ist die Methode. Wenn du kämpfst, erschaffst du ein Ego. Und je mehr du kämpfst, umso mehr stärkst du das Ego. Und wer gewinnt, hat das größte Ego überhaupt!

Tantra sagt: Kämpfe nicht! So hat das Ego keine Chance. Wenn wir Tantra verstehen wollen, tauchen viele Fragen auf. Nicht zu kämpfen bedeutet für uns, sich gehen zu lassen. »Nicht kämpfen« sei Zügellosigkeit, meinen wir, und das macht uns Angst. Wir haben uns viele Leben lang gehen lassen, und es hat uns gar nichts gebracht. Doch unser Gehenlassen ist nicht das, was Tantra darunter versteht. Tantra sagt: Lass dich gehen – aber sei *bewusst*!

Du wirst wütend ... Tantra sagt nicht: Sei nicht wütend! Tantra sagt: Sei aus vollem Herzen wütend, aber sei dabei bewusst. Tantra hat nichts gegen Wut. Tantra hat nur etwas gegen spirituelle Schläfrigkeit, spirituelle Unachtsamkeit. Bleibe also bewusst, wenn du wütend wirst. Und darin besteht das Geheimnis dieser Methode: Durch deine Bewusstheit wird die Wut transformiert, sie wird umgewandelt in Mitgefühl. Im Tantra ist die Wut nicht der Feind – sie ist der Keim für das Mitgefühl. Die gleiche Wut, die gleiche Energie wird zum Mitgefühl.

Wenn du gegen die Wut ankämpfst, kann niemals Mitgefühl entstehen. Gelingt es dir, die Wut zu bekämpfen, zu unterdrücken, bist du tot. Ohne Wut, ohne die unterdrückte Energie der Wut, gibt es kein Mitgefühl, weil keine Energie für die Umwandlung in Mitgefühl vorhanden ist.

Gelingt es dir, deine Energie zu unterdrücken – was gar nicht geht –, dann wird es keinen Sex mehr geben – aber auch keine Liebe. Wenn der Sex gestorben ist, gibt es auch keine Energie, die sich in Liebe verwandeln könnte. Dann bist du zwar den Sex los, aber du bist auch lieblos. Dann ist alles sinnlos.

Ohne Liebe gibt es keine Göttlichkeit. Ohne Liebe gibt es keine Erlösung. Ohne Liebe gibt es keine Freiheit.

Tantra sagt: Gerade diese Energien müssen umgewandelt werden. Oder anders gesagt: Wenn du gegen die Welt bist, dann gibt es kein Nirvana, weil es genau diese Welt ist, die in Nirvana umzuwandeln ist. Dann bist du gegen die elementaren Energien, die die Quelle sind.

Die tantrische Alchemie sagt: Kämpfe nicht. Befreunde dich mit allen Energien, die dir geschenkt wurden. Heiße sie willkommen. Sei dankbar für die Wut, den Sex, die Gier in dir! Sei dankbar! Das sind die verborgenen Quellen, die du transformieren, die du erschließen kannst. Transformierter Sex ist Liebe. All das Gift und all das Hässliche ist dann nicht mehr vorhanden.

So hässlich das Samenkorn auch sein mag – wenn es sich regt und keimt und aufblüht, entsteht etwas Wunderschönes. Wirf den Samen nicht weg, sonst wirfst du auch die Blüten weg. Sie sind zwar noch nicht sichtbar, noch nicht manifestiert, aber dennoch schon vorhanden. Nutze die Saat, um Blüten zu erhalten. Beginne mit Akzeptanz, Einfühlsamkeit, Verständnis und Wachheit. Dann darfst du die Zügel loslassen.

Und noch etwas, was merkwürdigerweise eine der tiefsten Einsichten im Tantra ist: Alles, was du für deinen Feind hältst – Gier, Wut, Hass, Sex oder was immer –, wird nur durch deine feindliche Einstellung zum Feind. Nimm es als göttliche Gabe an und lass es mit dankbarem Herzen an dich herankommen.

Für Tantra ist alles heilig. Vergiss das nie: Im Tantra ist *alles* heilig, nichts ist unheilig. Dem unreligiösen Menschen ist gar nichts heilig. Dem so genannten religiösen Menschen ist manches heilig und manches unheilig. Für Tantra ist *alles* heilig. Darum ist es für uns so schwer verständlich. Tantra ist Nicht-Dualismus schlechthin. Es vertritt noch nicht einmal den Standpunkt des Nicht-Dualismus; denn auch das wäre ein Standpunkt. Tantra ist kein Standpunkt. Tantra ist gefühlte, gelebte Einheit.

Dies sind also die beiden Wege, Yoga und Tantra. Yoga besitzt die größere Anziehung, weil unser Denken so verbogen, so verwirrt ist. Für innerlich gesunde Menschen besitzt Tantra eine große Schönheit. Nur sie können begreifen, was Tantra bedeutet.

Und vergiss nicht: Letztlich ist es immer der Kopf, der etwas attraktiv oder unattraktiv findet. Der entscheidende Faktor bist du selbst.

# Die Chakren – eine innere Landkarte

*Tantra verwendet eine Landkarte des inneren Menschen. Sie zu verstehen ist hilfreich. Tantra und Yoga gehen von sieben Zentren in der menschlichen Physiologie aus – der feinstofflichen, nicht der grobstofflichen Physiologie des Körpers. Genau genommen handelt es sich um Metaphern, die aber hilfreich sind, den inneren Menschen besser zu verstehen. Dies sind die sieben Chakren:*

AS ERSTE IST DAS *Muladhar* – das fundamentalste, wie schon der Name sagt: *Mul* ist das Grundlegende, das Wurzelhafte. Das *Muladhar*-Chakra ist das Zentrum, in dem die Sexenergie unmittelbar verfügbar ist – doch dieses Chakra wurde von der Gesellschaft stark beschädigt.

Das *Muladhar*-Chakra hat drei Aspekte. Der erste ist oral, mundbetont, der zweite ist anal, und der dritte genital. Das sind die drei Aspekte des *Muladhar*. Das Kind beginnt sein Leben mit der oralen Phase, und aufgrund einer falschen Erziehung bleiben viele Menschen auf der oralen Ebene stehen und gehen nie darüber hinaus. So erklärt es sich, dass so viel geraucht, Kaugummi gekaut und zwanghaft gegessen wird. Es beruht auf einer oralen Fixierung – diese Menschen bleiben auf den Mund fixiert.

Es gibt zahlreiche primitive Gesellschaften, in denen man sich nicht geküsst. Wenn sich ein Kind natürlich entwickelt, ist das Küssen eine vorübergehende Phase. Küssen weist auf eine orale Fixierung hin. Was hätte Sex sonst mit den Lippen zu tun? Als Menschen aus primitiven Völkern zum ersten Mal mitbekamen, dass die anderen, die »Zivilisierten« sich küssen, haben sie gelacht: Sie fanden es einfach lächerlich: Zwei Leute, die sich küssen? Und unhygienisch ist es auch noch! So werden alle möglichen Krankheiten und Infektionen übertragen – wozu soll das gut sein? Was machen sie da nur? Aber die Menschheit ist überwiegend oral geblieben.

Wenn ein Kind oral nicht zufrieden gestellt wird, etwa weil es die Mutter nicht lange genug stillt oder ihm die Brust verweigert, dann bleibt etwas unbefriedigt – die Lippen wollen mehr! Der Erwachsene wird dann Zigaretten rauchen, viel küssen, Kaugummi kauen oder viel essen – er wird sich ständig etwas in den Mund stopfen. Würden Mütter ihre Kinder so lange stillen, wie diese es wollen, bliebe das *Muladhar* intakt.

Wenn du Raucher bist, experimentiere mal mit einem Schnuller. Du wirst dich wundern! Das hat schon vielen geholfen, das Rauchen aufzugeben. Wenn jemand mich fragt, wie er sich das Rauchen abgewöhnen kann, sage ich:

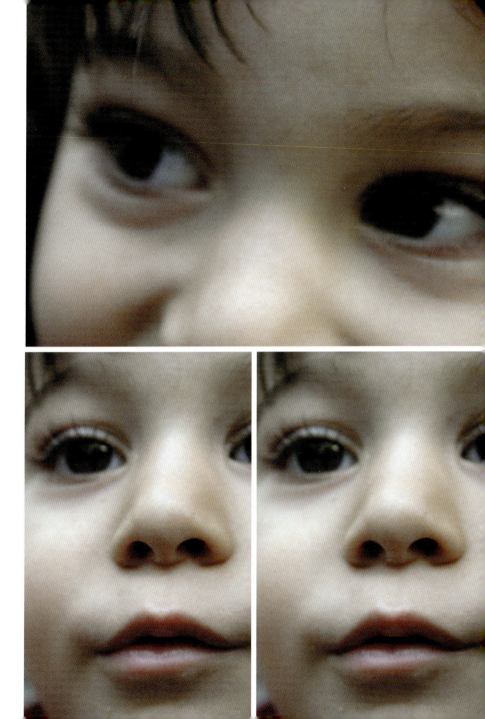

»Besorge dir einen Schnuller und sauge daran. Häng ihn dir um den Hals, und immer wenn es dich nach einer Zigarette␣lüstet, nuckelst du am Schnuller und genießt es. Und lass dich überraschen! Binnen drei Wochen wird der Drang zu rauchen nicht mehr da sein.«

Irgendwie hat die weibliche Brust für viele eine psychische Anziehungskraft behalten. Deshalb sind Männer so scharf auf Brüste. Das scheint nicht logisch. Warum diese Faszination des Mannes für den weiblichen Busen? In Malerei, Bildhauerei, in Film und Pornografie – überall spielen Brüste eine dominante Rolle. Und die Frauen benutzen raffinierte Tricks, um ihre Brüste zu verstecken und gleichzeitig herzuzeigen. Wozu sonst der BH? Er wäre nur albern. Der Büstenhalter ist ein paradoxer Trick, zu locken und gleichzeitig zu blocken. Und neuerdings pumpt man den Frauen die Brüste mit Silikon voll, damit sie so üppig werden, dass den unreifen Männern die Augen übergehen! Wie kindisch! Aber die Menschen sind oral.

Dies ist der unterste Aspekt des *Muladhar*.

Dann gibt es viele, die über die orale Phase hinausgelangt sind, aber in der analen Phase feststecken. Der zweite große Schaden passiert bei der Reinlichkeitserziehung. Man zwingt die Kinder, zu bestimmten Zeiten auf den Topf zu gehen. Kleine Kinder müssen erst lernen, ihre Darmtätigkeit zu kontrollieren, und das kann lange dauern. Was tun sie also? Unter dem Zwang pressen sie die analen Muskel ständig zusammen – und werden dadurch anal fixiert.

Darum leiden so viele Leute an Verstopfung. Nur Menschen sind verstopft. Kein Tier in freier Wildbahn leidet je an Verstopfung! Es ist ein psychologisches Leiden, das auf ein verletztes *Muladhar* zurückgeht. Verstopfung hat auch viele Auswirkungen auf die Psyche – etwa der Geiz, die Neigung zu horten: Menschen horten Wissen, Geld, Tugend, horten alles Mögliche. Sie geizen mit allem, können nichts loslassen. Sie klammern sich an alles, was ihnen in die Hände gerät. Mit der Überbetonung des Analen wird dem *Muladhar* großer Schaden zugefügt. Natürlicherweise sollten sich Mann und Frau zum Genitalen weiterentwickeln. Wenn sie aber in der oralen oder analen Phase stehen bleiben, wird die genitale Entwicklung behindert. Mit diesem Trick hat die Gesellschaft bis heute die vollständige sexuelle Entfaltung sabotiert.

Und diejenigen, die sich dennoch zur Genitalität hin entwickeln, haben zu kämpfen mit Schuldgefühlen und Begriffen von Sünde, mit denen die Menschheit klein gehalten wurde. Sex ist Sünde! Damit hat das Christentum bis heute ernsthaft an dem dummen Märchen festgehalten, dass Jesus auf wunderbare Weise nicht in einer Mann-Frau-Beziehung gezeugt, sondern von der Jungfrau Maria geboren wurde! Und das versucht man ständig neu zu belegen. Eine so große Sünde ist der Sex, dass es unvorstellbar ist, die Mutter von Jesus könnte Sex gehabt haben! Ein so reines Wesen wie Jesus – sexuell gezeugt?

Man hat den Sex so sehr verdammt, dass ihr ihn nicht genießen könnt. Irgendwo bleibt die Energie stecken – oral, anal, genital – und kann nicht höher steigen.

Tantra sagt: Die erste wichtige Arbeit muss am *Muladhar* ansetzen. Für die orale Befreiung sind Schreien, Lachen, Brüllen, Weinen und Seufzen äußerst hilfreich. Deshalb betone ich kathartische Meditationsmethoden; sie helfen, die orale Fixierung aufzuheben. Um euch von der analen Fixierung zu befreien, ist schnelles, chaotisches Atmen hilfreich, weil es direkt auf das anale Zentrum trifft und den Muskelapparat im analen Bereich entspannt. Hier ist besonders die Dynamische Meditation von großem Wert.

Und dann muss das Sexzentrum von der Last der Schuld befreit werden, der Verdammung. Ihr müsst alles von vorn lernen, erst dann kann das beschädigte Sexzentrum auf eine gesunde Weise funktionieren. Ihr müsst wieder lernen, den Sex zu genießen – ohne jedes Schuldgefühl.

Es gibt tausendundeine Form von Schuld. In der hinduistischen Vorstellungswelt gilt der Same als große Energie; verliert man auch nur einen Tropfen davon, ist man verloren. Das ist eine sehr »verstopfte« Haltung: Horte deinen Samen! Es geht aber nichts verloren: Du bist eine so dynamische Kraft, dass du diese Energie täglich neu herstellst. Nichts geht verloren! Dein Vorrat an Energie ist unbeschränkt. Du bist wie ein Dynamo; du erzeugst tagtäglich Energie. In der Tat, je mehr du verbrauchst, desto mehr wird erzeugt. Es funktioniert wie im übrigen Körper: Wenn du deine Muskeln gebrauchst, wachsen sie. Wenn du läufst, werden deine Beine stark. Wenn du joggst, hast du mehr Energie beim Joggen. Denke nicht, dass jemand, der nie gejoggt ist und plötzlich zu joggen anfängt, dafür Energie hat! Er hat nicht genug Energie dafür, geschweige denn die Muskeln zum Laufen! Nutze alles, was die Existenz dir gegeben hat, und du wirst es vermehren.

Die Hindus haben also diesen Wahn, den Samen zu horten; das ist eine Art Verstopfung. Und die Amerikaner haben einen anderen Wahn, der ist wie Durchfall: Bring alles nach außen,

### DYNAMISCHE MEDITATION

Die OSHO DYNAMISCHE MEDITATION ist ein einstündiger Prozess mit fünf Phasen: (1) heftiges, chaotisches Atmen; (2) Katharsis; (3) Erdung und Zentrierung; (4) stilles Beobachten; und (5) Feiern durch Tanzen. Osho hat diese Meditation speziell für den heutigen Menschen entwickelt und ließ die Musik so komponieren, dass sie die einzelnen Phasen unterstützt. Ausführliche Anleitung und Informationen, wo diese Musik erhältlich ist:
*www.osho.com/dynamic*

verschleudere deine Energie! Ob sinnvoll oder sinnlos, spielt keine Rolle. Verschwende deine Energie und leb dich aus! Sogar mit achtzig hat ein Mann immer noch kindische Vorstellungen.

Sex ist gut, Sex ist wunderschön, aber nicht der Sinn des Lebens. Er ist das Alpha, aber nicht das Omega. Ihr müsst über ihn hinauswachsen, was aber nicht bedeutet, ihn zu verdammen. Um ihn zu transzendieren, müsst ihr ihn *durchleben!*

Die tantrische Einstellung zum Sex ist die gesündeste, die es gibt: Sex ist gut, Sex ist gesund, Sex ist natürlich – und Sex ist sehr viel mehr als bloße Fortpflanzung! Ja, er ist sogar noch viel mehr als bloß Lust und Freude! Sex birgt in sich etwas vom Höchsten und Letzten, von *Samadhi*, von der Transzendenz.

Das *Muladhar*-Chakra muss sich entspannen. Es muss frei werden – von Verstopfung ebenso wie von Durchfall. Das *Muladhar*-Chakra muss optimal funktionieren, es muss hundertprozentig funktionieren, dann wird die Energie anfangen, sich in Bewegung zu setzen.

Das zweite Chakra ist *Svadhisthan* – das Hara, das Todeszentrum. Die ersten beiden. Zentren sind am meisten beschädigt, weil die Menschen davor am meisten Angst haben: Angst vor Sex und Angst vor dem Tod. Tod und Sterben werden gemieden, wo es nur geht. Kein Wort vom Tod! Vergesst ihn einfach! Er existiert für uns nicht! Und falls er sich hier und da zeigt, schauen wir einfach nicht ihn, als gäbe es ihn gar nicht. Wir achten nicht darauf und glauben einfach weiter, dass wir ewig leben werden. So vermeiden wir den Tod.

Tantra sagt: Meide weder den Sex noch den Tod! – Saraha zog auf die Verbrennungsstätte, um dort zu leben und zu meditieren und den Tod nicht zu meiden. Er zog mit der Pfeilmacherin dorthin, um die Erfahrung eines voll gelebten Lebens mit gesundem, optimalem Sex zu haben. Gemeinsam mit der Frau und so hautnah am Tod – da mussten sich die beiden Zentren, das Sex- und das Todeszentrum, entspannen. Wenn man den Tod annimmt und keine Angst mehr vor ihm hat, wenn man den Sex annimmt und keine Angst mehr vor ihm hat, dann entspannen sich die beiden unteren Zentren.

Und gerade sind diese beiden unteren Zentren sind von der Gesellschaft am meisten beschädigt worden. Wenn sie sich entspannt haben, werden auch die anderen fünf Zentren zugänglich. Die ersten beiden Zentren sind von Natur aus zugänglich. Die Geburt hat sich schon ereignet: *Muladhar*, das Sexzentrum. Und der Tod wird sich ereignen: *Svadhistan*, das Todeszentrum. Sex und Tod sind in jedermanns Leben, deshalb hat die Gesellschaft diese beiden Zentren verkrüppelt und die Menschen über diese beiden Zentren manipuliert und versklavt.

Tantra sagt: Meditiere, während du liebst! Meditiere, während ein Mensch stirbt. Geh hin, schau es dir an, beobachte alles. Setz dich neben den Sterbenden. Fühle ihn und nimm teil an seinem Tod. Geh mit dem Sterbenden in tiefe Meditation. Wenn ein Mensch im Sterben liegt, hast du die Chance, einen Vorgeschmack des Todes zu bekommen. Wenn ein Mensch stirbt, entlässt er eine enorme Energie aus dem *Svadhisthan*. Die gesamte dort festgehaltene Energie wird freigesetzt, während er stirbt. Er kann nicht sterben, ohne sie freizulassen.

Wenn jemand stirbt, ob Mann oder Frau, lass dir also die Gelegenheit nicht entgehen. Wenn du bei dem Sterbenden bist, setz dich still hin und meditiere. Während er stirbt, wird mit einem Schlag die ganze Energie freigesetzt, und du bekommst einen Geschmack vom Tod. Dies Erfahrung wird dich zutiefst entspannen. Du erlebst, wie der Tod eintritt – aber keiner stirbt. Gewiss, der Tod tritt ein – aber nichts stirbt.

Wenn du Liebe machst, sei in Meditation. Dann wirst du erleben, wie die Sexualität von *Samadhi* durchdrungen wird. Und wenn du über den Tod meditierst, begib dich so tief hinein, dass du Zeuge wirst, wie der Tod von der Ewigkeit durchdrungen wird, vom Todlosen. Diese Erfahrungen erleichtern deine Entfaltung.

Das Todeszentrum ist also *Svadhisthan*, und das bedeutet »Sitz des Selbst« – ein seltsamer.

Name für das Todes-Chakra – Sitz des Selbst! *Svadhisthan* ist dort, wo du wirklich existierst. Ist das etwa der Tod? – Genau. Denn wenn du stirbst, gelangst du zum reinen Sein. Es stirbt nur das, was du nicht wirklich bist: Der Körper stirbt – der Körper, der aus dem *Muladhar* geboren wurde. Wenn du stirbst, verschwindet der Körper. Aber was ist mit *dir*? – Was das *Muladhar* gegeben hat, nimmt das *Svadhisthan* wieder fort. Der Körpermechanismus, den Mutter und Vater dir gegeben haben, wird dir beim Tod wieder genommen. Aber *du*? Du warst schon, ehe dein Vater und deine Mutter sich kennen lernten. Du existierst schon ewig.

Jemand fragte Jesus über Abraham – wie er über den Propheten Abraham denke. Und Jesus antwortete: »Abraham? Ich bin, bevor Abraham war.« Abraham hatte zwei- bis dreitausend Jahre vor Jesus gelebt – und da sagt Jesus: »Ich bin, bevor Abraham war.« Was redet er da? Wenn es um den Körper ginge, wie könnte dieser schon vor Abraham da gewesen sein? Aber Jesus spricht nicht vom Körper. Er redet von *Ich-bin*, dem reinen Sein. Das reine Sein ist ewig.

Dieser Name *Svadhisthan* ist sehr schön. Es ist identisch mit dem, was man in Japan *Hara* nennt. Dieses Wort steckt auch im japanischen Wort für Selbstmord: *Harakiri* – sich selbst durch das *Hara* töten. Das *Svadhisthan* nimmt nur das, was das *Muladhar* gegeben hat. Doch das, was aus der Ewigkeit kommt – dein Bewusstsein – wird dir nicht genommen.

Die Hindus waren immer schon große Erforscher des Bewusstseins. Sie nannten es *Svadhisthan*, denn erst, wenn du stirbst, wirst du wissen, wer du bist. Stirb in der Liebe, und du weißt, wer du bist. Stirb in Meditation, und du weißt, wer du bist. Stirb der Vergangenheit, und du weißt, wird du bist. Stirb dem Verstand, und du weißt, wer du bist.

Der Tod ist der Weg zur Erkenntnis.

Die unteren beiden Zentren sind von der Gesellschaft gründlich vergiftet worden, weil sie leichten Zugang zu ihnen hat. Darüber hinaus gibt es aber fünf weitere Zentren.

Das dritte Zentrum ist *Manipura*, das Zentrum all unserer Gefühle und Emotionen. *Manipura* bedeutet »Diamant«. Das Leben wird wertvoll durch unsere Gefühle – Lachen, Weinen, Tränen, Lächeln. Sie machen uns das Leben wertvoll. Sie machen den Glanz des Lebens aus, daher der Name »Diamant-Chakra«.

Allein der Mensch kann im Besitz dieses kostbaren Diamanten sein. Tiere können nicht lachen, und natürlich können sie auch nicht weinen. Tränen kommen aus einer Dimension, die nur dem Menschen offen steht. Die Schönheit der Tränen und des Lachens, die Poesie der Tränen und des Lächelns sind nur dem Menschen zugänglich. Die Säugetiere haben alle nur zwei Chakren: *Muladhar* und *Svadhisthan*. Sie werden geboren und dann sterben sie. Wenn sich auch dein Leben nur darum dreht, geboren zu werden und dann zu sterben, bist du wie ein Tier. Dann bist du noch kein Mensch. Doch Milliarden von Menschen leben nur in diesen beiden Chakren und gehen nie über sie hinaus.

Wir unterdrücken unsere Emotionen im *Manipura*. Man hat uns beigebracht, unsere Gefühle zu unterdrücken, hat uns beigebracht, dass sich Gefühle nicht auszahlen. Sei hart, sei realistisch! Zeig dich bloß nicht weich, nicht verletzlich! Du wirst sonst ausgenützt! Mach dich hart! Oder tu wenigstens so, als ob du hart wärst! Tu gefährlich! Zeig, dass du kein Weichei bist! Du musst den andern Angst einjagen. Und lach nicht, denn wenn du lachst, kannst du keine Angst verbreiten. Weine nicht, denn wenn du weinst, zeigst du nur, dass du selber Angst hast. Zeig nie deine menschlichen Schwächen! Tu immer so, als wärst du perfekt!

Am dritten Zentrum, *Manipura*, wird im Tantra viel gearbeitet, um es zu entspannen. Die Gefühle müssen entkrampft und befreit werden. Wenn dir nach Weinen zumute ist, weine. Wenn dir nach Lachen zumute ist, lache. Wirf dieses ganze unselige Unterdrücken über Bord und lerne, deine Gefühle auszudrücken! Denn nur durch deine Gefühle und Emotionen, durch

# Die Wissenschaft des Tantra 73

deine Empfindsamkeit, gelangst du auf die Wellenlänge, wo Kommunikation möglich ist.

Kennst du das? Du kannst reden, so viel du willst, und nichts ist damit gesagt ... Aber lass eine einzige Träne über deine Wange rollen, und alles ist gesagt! Eine Träne sagt viel mehr als alle Worte. Du kannst ständig wiederholen: »Ich bin ja so glücklich!«, aber ein kurzes Lachen – echt und aus dem Bauch – sagt alles. Mehr brauchst du nicht zu sagen. Und wenn du deinen Liebsten siehst, leuchtet dein Gesicht und du strahlst vor Freude.

Das dritte Zentrum muss sich mehr und mehr öffnen. Das geht gegen das Denken. Je mehr du also das dritte Zentrum zulässt, umso leichter wird sich dein verkrampftes Denken lösen. Sei aufrichtig, sei sensibel. Berühre mehr, spüre mehr, lache mehr, weine mehr. Vergiss nicht: Hier kannst du nie zu viel tun, kannst es nie übertreiben. Du kannst keine Träne zu viel weinen, kannst kein bisschen zu viel lachen. Hab also keine Angst und sei nicht geizig!

Tantra erlaubt dem Leben all seine Gefühle.

Dies sind also die drei unteren Chakren – »untere« nicht im Sinne irgendeiner Wertung.

Es sind die drei unteren Sprossen der Leiter.

Danach kommt das vierte Zentrum, das Herzzentrum, *Anahata* genannt. Ein schöner Name, denn er bedeutet: »nicht angeschlagener Ton«. Gemeint ist dasselbe wie im Zen, wo es heißt: »Hörst du das Klatschen der einen Hand?« – der Ton, der nicht angeschlagen wird.

Das Herz liegt in der Mitte – drei Zentren darunter, drei Zentren darüber. Das Herz ist das Tor vom Unteren zum Höheren, vom Höheren zum Unteren. Im Herzen kreuzen sich die Wege.

Das Herz ist völlig übergangen worden. Man hat euch nicht gelehrt, herzlich zu sein. Man hat euch den Zutritt ins Reich des Herzens verwehrt, denn es ist ein sehr gefährliches Terrain. Es ist das Zentrum des tonlosen Tones, des Tones, der nicht angeschlagen wird, jenseits von Sprache. Sprache ist der Ton, der angeschlagen wird – wir erzeugen ihn mit unseren Stimmbändern.

> « *Du kannst kein bisschen zu viel lachen. Hab also keine Angst und sei nicht geizig.* »

Sprache ist das Klatschen zweier Hände. Das Herz ist das Klatschen der einen Hand. Im Herzen gibt es kein Wort. Es ist wortlos. Wir haben das Herz völlig links liegen gelassen, haben es übergangen. Wir führen unser Leben, als gäbe es das Herz gar nicht. Oder allenfalls lassen wir es als Pumpe gelten, die der Atemzufuhr hilft. Es ist aber viel mehr als das. Das Herz verbirgt sich hinter der Lunge. Aber es ist nicht bloß physisch. Es ist der Ort, von wo die Liebe aufsteigt.

Liebe ist kein Gefühl. Die gefühlvolle, sentimentale Liebe gehört zum dritten, nicht zum vierten Zentrum. Liebe ist viel mehr als ein Gefühl, sie geht viel tiefer als jedes Gefühl. Die Liebe hat einen höheren Rang und Wert als die Gefühle, denn Gefühle sind unbeständig.

Im Allgemeinen verwechseln die Menschen das Gefühl des Verliebtseins mit dem Zustand von Liebe. Man verliebt sich in eine Frau, in einen Mann – und schon am nächsten Tag ist es wieder vorbei. Und das nennen sie Liebe. Es hat mit Liebe nichts zu tun. Es ist eine Stimmung, eine sentimentale Anwandlung. Die Frau hat dir gefallen, jawohl, gefallen – nenn es nicht Liebe! Du hast sie gemocht, so wie du Eiskrem magst.

Man kann vieles mögen, und es kommt und geht. Mögen ist immer etwas Vorübergehendes. Es hält nie lange an, das liegt nicht in der Natur der Sache. Du magst eine Frau, du schläfst mit ihr – und finito! Das Mögen mag nicht mehr. Es ist wie eine Portion Eis: Du hast sie ausgelöffelt, jetzt kann dich kein Eis mehr reizen. Würde die jemand noch mehr Eis anbieten, dann würdest du sagen: »Mir wird gleich übel! Schluss! Mehr kann ich nicht vertragen!«

Mögen ist nicht Liebe. Verwechselt das nie, sonst wird euer ganzes Leben wurzellos. Dann schwirrt ihr von einer Person zur nächsten, und so kann nie Vertrautheit wachsen.

Das vierte Zentrum, *Anahata*, ist von großer Bedeutung, weil du als Erstes über das Herz mit deiner Mutter verbunden warst. Die Verbindung mit der Mutter ging über das Herz, nicht über den Kopf. Wenn du heute in tiefer Liebe, in einem tiefen Orgasmus bist, ist es wieder das Herz, und nicht der Kopf, der dich verbindet. Und in Meditation, in tiefer Andacht, geschieht genau das Gleiche: Du bist mit der Existenz über das Herz verbunden – von Herz zu Herz. Ja, es ist ein Dialog von Herz zu Herz, nicht von Kopf zu Kopf. Es ist wortlose Zwiesprache.

Vom Herzzentrum steigt der tonlose Ton auf. Wenn du in dein Herzzentrum hinein entspannst, kannst du ihn hören. Das wird eine großartige Entdeckung sein. Wer in das Reich des Herzens eintritt, hört einen kontinuierlichen Summton, der wie *Aum* klingt. Habt ihr je so etwas wie ein Mantra, das aus sich selbst entsteht, gehört? Denn *machen* kann man es nicht.

Deshalb halte ich nichts von Mantras. Selbst wenn du noch so lange »*Aum, Aum, Aum*« vor dich hin singen würdest, käme dabei doch nichts anderes heraus als eine mentale Vorspiegelung. Es führt zu gar nichts. Es ist eine Täuschung. Manche tun das jahrelang und erzeugen in sich einen künstlichen Ton, den sie für den Herzton halten – er ist es aber nicht.

Um ins Herz zu kommen, brauchst du kein *Aum* zu singen. Du musst nur still sein. Eines Tages kommt das Mantra ganz von selbst. Eines Tages – wenn du in tiefes Schweigen fällst –

kommt plötzlich dieser Ton von nirgendwo. Er steigt aus deinem innersten Kern auf. Es ist der Ton deiner inneren Stille. So wie in einer stillen Nacht ein bestimmter Ton zu hören ist – der Ton der Stille – hörst du in dir einen Ton aufsteigen, aber aus einer sehr viel tieferen Tiefe.

Der Ton entsteht von selbst. Ich wiederhole noch einmal: Du brauchst ihn nicht zu erzeugen, indem du *Aum, Aum* wiederholst. Sei einfach still und sage gar nichts. Verweile in der Stille, und plötzlich wird der Ton hervorsprudeln wie ein Bergquell. Du wirst ihn hören.

Das ist gemeint, wenn die Muslime sagen, Mohammed habe den Koran gehört. Genau das geschieht im Innersten deines Herzens: Ohne es auszusprechen, hörst du es. Mohammed hörte den Koran – er lauschte in sich hinein, und etwas geschah innen. Er war total verwirrt – nie hatte er so etwas je gehört. Es war so fremd, so unvertraut! Er soll sogar krank geworden sein. Mohammed saß auf einem Hügel, als es geschah. Zitternd und in Schweiß gebadet kam er nach Hause; er hatte hohes Fieber. Verstört sagte er zu seiner Frau: »Bitte, bring alle Decken und decke mich zu. Ich hab noch nie so gezittert, ein großes Fieber hat mich befallen.« Aber die Frau nahm sein strahlendes Antlitz wahr.

Was für ein Fieber sollte das sein? Seine

Augen sprühten von einem unbeschreiblich schönen Feuer. Eine große Gnade war ins Haus gekommen. Tiefes Schweigen senkte sich über alles. Darin konnte sogar seine Frau etwas vernehmen, und sie sagte: »Ich glaube nicht, dass es ein Fieber ist. Ich glaube, dass Gott dich gesegnet hat. Hab keine Angst! Sag mir, was geschehen ist!«

Seine Frau Khadija war die erste Muslimin, sie wurde seine erste Konvertitin. Sie sagte: »Ich kann es sehen: Dir ist Gott begegnet! Etwas ist dir geschehen, das strahlt aus deinem Herzen und verbreitet sich rings umher. So hast du noch nie geleuchtet! Etwas Außergewöhnliches ist geschehen. Sag mir, weshalb du so verängstigt bist, warum du so zitterst. Auch wenn es völlig neu für dich ist – sag mir's.« – Und Mohammed erzählte es ihr, obwohl er Angst hatte, was sie von ihm denken würde. Doch sie bekannte sich zu ihm; sie wurde die erste Muslimin.

Und so geschah es immer. Die Hindus sagen, die Veden seien von Gott selbst gesprochen worden. Das kann nur bedeuten, dass jemand sie vernommen hat. In Indien nennen wir unsere Heiligen Schriften *Shruti*, und das bedeutet: »was vernommen wurde«.

Im Herz-Chakra, *Anahata*, wirst du etwas vernehmen. Und wenn du noch gar nichts in dir vernommen hast – keinen Ton, kein *Aum*, kein Mantra, dann bedeutet das nichts anderes, als dass du das Herz umgangen hast. Der Wasserfall ist da und das Rauschen des strömenden Wassers ist da, aber du bist ihm ausgewichen, du hast es umgangen. Du hast eine andere Route gewählt, hast eine Abkürzung genommen und das vierte Zentrum bisher gemieden.

Das vierte Zentrum ist das gefährlichste, denn dort entsteht das Vertrauen, entsteht die innere Gewissheit – und das will der Verstand um jeden Preis verhindern. Tut er es nicht, geht ihm alle Fähigkeit zu zweifeln verloren. Und der Verstand lebt vom Zweifel.

Doch Tantra sagt: Das vierte Zentrum lernst du durch die Liebe kennen.

Das fünfte Zentrum heißt *Visuddhi* – das bedeutet »Reinheit«. Natürlich, denn erst wenn die Liebe eingetreten ist, entstehen Reinheit und Unschuld, nicht früher. Nur die Liebe läutert, und *nur* die Liebe. Nichts anderes macht dich so rein. Selbst der unscheinbarste Mensch wird schön durch die Liebe. Liebe ist Nektar. Sie reinigt von allen Giften. Darum heißt das fünfte Chakra *Visuddhi* – Reinheit, absolute Reinheit. Das ist das Kehlzentrum.

Tantra sagt: Sprich erst, wenn du das fünfte Zentrum durch das vierte hindurch erreicht hast. Sprich nur aus Liebe; andernfalls schweige. Sprich nur aus Mitgefühl, andernfalls sei still. Was soll das Reden sonst? Wenn du vom Herzen kommst, nachdem du dort das Göttliche vernommen hast, oder wenn du es als Rauschen eines Wasserfalls gehört hast, oder wenn den Ton des Universums gehört hast im Klatschen der einen Hand – erst dann darfst du sprechen. Dann kann dein Kehlzentrum die Botschaft verkünden, dann kann etwas davon in Worte fließen. Wenn du es *hast*, kann es sogar in Worte fließen.

Nur wenige gelangen zum fünften Zentrum, denn sie kommen ja nicht einmal zum vierten. Es passiert äußerst selten. Ab und zu gelangt ein Christus, ein Buddha, ein

Saraha zum fünften. Selbst die Schönheit ihrer Worte ist ungeheuer, was soll man erst von ihrem Schweigen sagen? Selbst ihre Worte transportieren das Schweigen. Sie sprechen, und doch sprechen sie nicht. Sie sagen etwas und sagen das Unsagbare, das Unaussprechliche, das Unausdrückbare.

Auch ihr gebraucht die Kehle, aber das ist nicht *Visuddhi*. Wenn dieses Chakra wirklich zu leben beginnt, sind eure Worte voller Honig. Dann geht von euren Worten ein Duft aus, es schwingt Musik in ihnen und sie tanzen. Dann ist alles, was ihr sagt, Poesie und pure Freude.

Das sechste Chakra ist *Ajna*, und das bedeutet »Ordnung«. Im sechsten Chakra kommst du in Ordnung, eher nicht. Im sechsten Chakra bist du der Meister, vorher nicht. Bis dahin warst du ein Sklave. Ab dem sechsten Chakra wird alles geschehen, wie du sagst, und alles, was du wünschst, erfüllt sich. Ab dem sechsten Chakra besitzt du einen Willen, vorher nicht. Bis dahin gibt es noch keinen Willen.

Doch darin liegt ein Paradox: Im vierten Chakra verschwindet das Ego. Im fünften verschwinden alle Unreinheiten, und danach entsteht der Wille – so kannst du mit deinem Willen keinen Schaden anrichten. Genau genommen ist es nicht mehr *dein* Wille – es ist der Wille der Existenz. Nachdem das Ego im vierten und alle Unreinheiten im fünften Chakra verschwanden, bist du nun das reinste Wesen, nur noch ein Vehikel, ein Instrument, ein Bote. Jetzt kannst du einen Willen haben, weil *du* nicht mehr bist – jetzt ist der Wille der Existenz auch dein Wille.

Nur äußerst selten kommt ein Mensch bis zum sechsten Chakra, denn es ist sozusagen das letzte. Im Bereich der diesseitigen Welt ist es das letzte. Danach kommt zwar noch das siebte, aber dort tritt man in eine völlig andere Welt, in eine andere Wirklichkeit ein. Das sechste ist die letzte Grenzstation, der letzte Kontrollposten.

Das siebente Chakra ist *Sahasrar*, was »tausendblättriger Lotos« bedeutet. Wenn deine Energie zum siebten, zum *Sahasrar*, aufsteigt, wirst du zum Lotos. Jetzt brauchst du zu keiner anderen Blume mehr zu gehen, um Honig zu finden. Jetzt kommen die Bienen alle zu dir. Jetzt ziehst du Bienen aus der ganzen Welt an. Dein *Sahasrar* hat sich geöffnet, dein Lotos ist vollständig aufgeblüht. Dieser Lotos ist *Nirvana*.

Ganz unten, aus dem *Muladhar*, wird Leben geboren: das Leben des Körpers und der Sinne. Auch aus dem siebten wird Leben geboren: ewiges Leben – nicht körperlich. nicht sinnlich.

Das ist also die tantrische Physiologie. Es ist nicht die Physiologie der medizinischen Bücher. Sucht die Chakren bitte nicht in medizinischen Büchern – sie sind dort nicht zu finden. Die Chakren sind symbolisch zu verstehen. Sie sind eine Art Beschreibung, eine Orientierungshilfe, um die Dinge verständlicher zu machen. Wenn du dich an diese Landkarte hältst, wirst du dich nie mehr in den Nebelfeldern des Denkens verirren. Wenn du versuchst, das vierte Chakra zu umgehen, kommst du in den Kopf. Aber im Kopf zu sein heißt, ohne Liebe zu sein. In Gedanken zu sein heißt, kein Vertrauen zu haben. Zu denken heißt, nicht zu sehen.

# Tantra ist Transzendenz

*Tantra ist Transzendenz – weder Ausschweifung noch Unterdrückung. Ein Seiltanz, einer der größten Balanceakte überhaupt. Nicht so leicht, wie es aussieht, erfordert es eine bewusste, feinfühlige Balance.*

FÜR DEN Verstand ist Ausschweifung sehr leicht. Auch das Gegenteil fällt ihm leicht: Entsagung. Ins Extrem zu gehen, ist für den Verstand sehr leicht. In der Mitte zu bleiben, genau in der Mitte, ist für den Verstand das Allerschwerste, denn das wäre Selbstmord für ihn. Das Denken stirbt in der Mitte, und das Nichtdenken steigt auf. Deshalb hat Buddha seinen Weg den »Weg der Mitte« genannt.

Saraha ist ein Schüler Buddhas, in der gleichen Linie, mit der gleichen Erkenntnis, mit der gleichen Bewusstheit. Dieses ganz Grundsätzliche muss also verstanden werden, sonst werdet ihr Tantra missverstehen: Was bedeutet »auf Messers Schneide«? Was bedeutet »exakt in der Mitte sein«?

Um den Ausschweifungen der Welt zu frönen, braucht man keine Bewusstheit. Um irdische Wünsche zu unterdrücken, braucht man ebenfalls keine Bewusstheit. Eure so genannten weltlichen Menschen und eure so genannten Heiligen unterscheiden sich kaum. Sie mögen Rücken an Rücken stehen, aber sie sind nicht sehr verschieden; sie haben genau dieselbe Art von Psyche. Der eine giert nach Geld und der andere verabscheut es so sehr, dass er das Geld nicht einmal anschauen mag. Der eine steckt in der Gier, der andere in der Angst; aber beide sind von Geld besessen.

Der eine denkt ununterbrochen an Frauen – träumt, fantasiert. Der andere hat so viel Angst vor Frauen, dass er in den Himalaja flieht, um ihnen zu entkommen – aber beide sind gleich. Beiden ist die Frau wichtig, oder der Mann; der *Andere* ist wichtig. Ersterer sucht den Anderen, letzterer meidet den Anderen – aber der Andere bleibt ihr Fokus.

Tantra sagt: Der Andere darf nicht der Fokus sein, weder so noch so. Aber dazu gehört ein großes Verstehen. Man muss die Begierde nach der Frau verstehen – nicht ihr erliegen, nicht vor ihr fliehen, sondern sie verstehen. Tantra ist sehr wissenschaftlich.

Das Wort »Wissenschaft«, *scientia*, bedeutet »Verstehen«. *Scientia* bedeutet »Wissen«. Tantra sagt: Wissen befreit. Wenn du genau weißt, was Gier ist, bist du schon frei von Gier; du brauchst ihr nicht zu entsagen. Entsagung ist nur nötig, wenn du nicht verstanden hast, was Gier ist. Ein Gelübde gegen den Sex abzulegen, erscheint nur

Die Wissenschaft des Tantra   81

deshalb notwendig, weil man Sex nicht versteht. Und die Gesellschaft erlaubt dir nicht, ihn zu verstehen. Die Gesellschaft hilft dir, ihn *nicht* zu verstehen. Die Gesellschaft hat die Themen Sex und Tod über viele Jahrhunderte verdrängt. Über diese Themen soll man nicht nachdenken, sich nicht damit befassen, nicht darüber diskutieren, nicht darüber schreiben oder sie gar erforschen – diese Themen sind zu meiden.

Diese Verdrängung hat dazu geführt, dass man darüber gar nichts wusste, und diese Ignoranz ist die Wurzel des Übels. In dieser Unwissenheit wurzeln zwei Menschentypen: Der eine ist ausschweifend bis zum Wahnsinn, die andere ist es müde und ergreift die Flucht.

Tantra sagt: Wer krankhaft ausschweifend ist, begreift überhaupt nichts, weil er einfach nur eine Gewohnheit ständig wiederholt. Er ist unfähig, sich diese Gewohnheit anzuschauen und den ursächlichen Zusammenhang zu erforschen. Und je ausschweifender er wird, desto mechanischer wird er.

Habt ihr es nicht beobachtet? Eure erste Liebe war etwas ganz Besonderes, die zweite war nicht mehr so besonders, die dritte noch gewöhnlicher und die vierte nur noch profan. Was ist passiert? Warum war die erste Liebe so besonders? Warum sagen die Leute seit jeher dass die Liebe nur einmal im Leben kommt? – Weil es beim ersten Mal nicht mechanisch war. Du warst etwas aufmerksamer bei der Sache. Beim nächsten Mal hat dich die Liebe nicht überrascht, du hattest Erwartungen, und dadurch warst du nicht mehr so wach. Beim dritten Mal dachtest du, alles über die Liebe zu wissen; nun gab es nichts mehr zu entdecken. Das vierte Mal war es einfach profan – in der Routine erstarrt.

Sex wird durch Ausschweifung zur Routine. Ja, du kannst ein bisschen Stau loswerden, genau wie beim Niesen – aber mehr ist es nicht. Es ist eine physische Entladung von Energie. Die Energie staut sich auf, du schleuderst sie heraus und dann baust sie wieder auf – durch Nahrung, Sport, Sonnenlicht. Du baust sie auf und verschleuderst sie wieder. Und das macht ein ausschweifender Mensch ständig: Er baut viel Energie auf und entlädt sie wieder – ohne Sinn und Zweck. Wenn er die Energie aufbaut, leidet er unter Spannung. Wenn er sie wieder verschleudert hat, leidet er unter Schwäche. Aber er leidet einfach nur.

Glaubt bloß nicht, dass ein ausschweifender Mensch glücklich sei. Niemals! Er ist der unglücklichste Mensch auf der Welt. Wie kann er glücklich sein? Er hofft und wünscht sich Freude, aber er wird immer nur enttäuscht.

Doch merkt euch: Wenn Tantra gegen Ausschweifung ist, dann heißt das nicht, dass ihr in das andere Extrem verfallen sollt.

Tantra sagt nicht, dass ihr dieser Welt der Ausschweifung entfliehen sollt. Denn dieses Fliehen wird auch nur wieder zu einer mechanischen Gewohnheit. Man sitzt in einer Höhle, es gibt keine Frauen, aber das hilft überhaupt nichts. Denn taucht irgendwann eine Frau auf, dann wird ihr der Mann, der den Freuden der Welt entsagt hat, leichter verfallen, als einer, der in der Welt ein ausschweifendes Leben führt. Was immer ihr unterdrückt, wird in eurem Inneren sehr mächtig.

Du kannst in einer Höhle sitzen und zur Statue werden, aber das, was du unterdrückt hast, wird dir ständig nachhängen, und du wirst keinen Augenblick an etwas anderes denken.

Du kannst in einer Höhle sitzen und zur Statue werden, aber das, was du unterdrückt hast, wird dir ständig nachhängen, und du wirst keinen Augenblick an etwas anderes denken.

Tantra sagt: Hütet euch! Hütet euch vor Ausschweifung und hütet euch vor Entsagung. Hütet euch vor beidem. Beides sind Fallen. So oder so geht ihr dem Verstand in die Falle.

Was ist also der rechte Weg?

Tantra sagt: Bewusstheit ist der Weg. Ausschweifung ist mechanisch, Unterdrückung ist mechanisch; beides sind mechanische Gewohnheiten. Der einzige Weg, der aus mechanischen Gewohnheiten herausführt, ist der, bewusst und aufmerksam zu sein. Geht nicht in eine Höhle im Himalaja; bringt die Stille des Himalajas in euer Dasein. Flüchtet nicht, werdet wachsamer. Schaut euch eure Gewohnheiten aufmerksam an ... ohne Angst, schaut sie genau an. Kümmert euch nicht um das, was die so genannten religiösen Leute ständig predigen. Sie wollen euch nur Angst machen. Sie erlauben euch nicht, euch mit dem Sex zu befassen; sie erlauben euch nicht, euch mit dem Tod auseinander zu setzen. Sie haben eure Ängste seit jeher rücksichtslos ausgebeutet.

Wenn jemand euch ausbeuten will, muss er euch erst einmal Angst einjagen. Wenn ihr Angst habt, seid ihr bereit für die Ausbeutung.

Die Voraussetzung ist Angst – sie muss erst geschaffen werden. Man hat euch Angst eingejagt. Sex ist Sünde, Angst ist auch Sünde. Denn nicht einmal, wenn ihr mit eurer Frau schlaft, oder mit eurem Mann, dringt ihr tief in den Sex ein. Ihr macht Liebe und umgeht dabei den Sex. Ihr macht Liebe, und gleichzeitig vermeidet ihr sie. Ihr wollt die Realität des Sex nicht erkunden – was er genau ist, warum er euch den Verstand raubt, warum er diese magnetische Kraft auf euch ausübt. Warum? Was ist Sex genau, wie entsteht er, wie kommt es, dass er von euch Besitz ergreift, was gibt er euch, wohin führt er euch? Was passiert beim Sex und was entsteht daraus? Wohin führt er euch immer wieder? Und kommt ihr irgendwo an? Diesen Fragen muss man sich stellen. Tantra ist eine tiefe Begegnung mit der Lebenswirklichkeit. Sex ist etwas Elementares, ebenso der Tod. Dem entsprechen die beiden Grundchakren – das Muladhar und Svadhisthan. Wenn du sie verstehst, öffnet sich das dritte Chakra. Wenn du das dritte verstehst, öffnet sich da vierte, und so weiter und so fort. Wenn du die sechs Chakren verstanden hast, berührt dieses Verständnis das siebte Chakra, und es blüht auf als tausendblättriger Lotos.

Der Tag, an dem der tausendblättrige Lotos sich öffnet, ist ein Tag höchster Herrlichkeit. Es ist der Tag der Verschmelzung, der Tag des kosmischen Orgasmus. An diesem Tag umarmt dich das Göttliche, und das Göttliche umarmt dich. An diesem Tag verschwindet der Fluss im Ozean, für immer und ewig. Nun gibt es kein Zurück.

Aber auf jeder Stufe des Geistes gilt es Verständnis zu erlangen. Wo auch immer du bist, habe keine Angst. Das ist die Botschaft des Tantra: Wo auch immer du bist, sei nicht ängstlich. Die Angst ist das Einzige, was du loslassen musst. Nur eines muss man fürchten: die Angst. Was immer die Realität ist, schau sie dir angstfrei und mutig an. Wenn du ein Dieb bist, dann schaue dir das genau an. Wenn du ein aggressiver Mensch bist, schau dir deine Wut genau an. Wenn du gierig bist, schau es dir an. Schau dir alles genau an. Reiß nicht aus. Wenn du deine Realität genau anschaust, gehst du schon durch sie hindurch. Du beobachtest und gehst hindurch. Wer den Weg in die Gier, in den Sex, in die Wut, in die Eifersucht mit offenen Augen gehen kann, befreit sich davon.

Dies ist das tantrische Versprechen: Wahrheit macht frei. Erkenntnis macht frei. Erkenntnis ist Freiheit. Letztlich läuft es auf das Gleiche heraus, ob du verdrängst oder ausschweifend bist.

Es geschah einmal:
*Ein Mann war mit einer äußerst attraktiven Frau verheiratet. Mit der Zeit fing er jedoch an, Verdacht zu schöpfen ... Schließlich hielt er es nicht länger aus. Er hatte Nachtschicht, und so bat er den Schichtführer um Erlaubnis, seinen Arbeitsplatz für eine Weile zu verlassen. Um zwei Uhr morgens rannte er nach Hause und fand das Auto seines besten Freundes vor der Haustür, genau wie er befürchtet hatte. Er öffnete die Tür, schlich nach oben und stürzte ins Schafzimmer. Seine Frau lag splitternackt im Bett, rauchte eine Zigarette und las ein Buch.*

*Wie von Sinnen suchte er unter dem Bett, im Schrank, sogar in den Wäscheregalen, doch er konnte keinen Mann finden. Er verlor vollends die Nerven und machte das Schlafzimmer zu Kleinholz. Dann machte er im Wohnzimmer weiter – warf den Fernseher aus dem Fenster, zerfetzte die Polstermöbel, warf den Tisch und das Büfett um. Danach konzentrierte er sich auf die Küche, wo er das Geschirr zertrümmerte und den Kühlschrank aus dem Fenster wuchtete. Und dann erschoss er sich.*

*Und wem begegnete er, als er vor dem Himmelstor ankam? Seinem besten Freund. Der fragte ihn: »Was machst du denn hier?« Der betrogene Ehemann erzählte reuig die*

ganze Geschichte, wie er seine Beherrschung verlor, und fragte schließlich: »Aber wie kommt es, dass du auch hier bist?«

»Äh ... ich? Ich saß im Kühlschrank.«

Letztlich läuft es auf das Gleiche heraus, ob du in einer Höhle im Himalaja sitzt oder mitten in der Welt lebst. Ein Leben der Ausschweifung und ein Leben der Unterdrückung enden beide auf die gleiche Weise, weil ihre Mechanik die gleiche ist. Äußerlich sind sie verschieden, aber die innere Qualität ist die gleiche.

Bewusstheit bringt eine neue Qualität in dein Leben. Mit Bewusstheit verändern sich die Dinge, und sie verändern sich ganz erheblich –nicht etwa, weil du sie veränderst, überhaupt nicht. Ein bewusster Mensch verändert nichts. Ein unbewusster Mensch versucht ständig etwas zu verändern. Aber dem Unbewussten gelingt es nie, etwas zu verändern, während der Bewusste einfach nur wahrnimmt, dass Veränderung passiert, eine enorme Veränderung.

Veränderung kommt durch Bewusstheit zustande, nicht durch Anstrengung. Warum kommt sie durch Bewusstheit zustande? Weil Bewusstheit dich verändert, und wenn *du* anders wirst, wird die ganze Welt anders. Die Frage ist nicht, wie die Welt verändert werden kann, die Frage ist bloß, wie *du* dich verändern kannst. Du bist deine Welt – also verändert sich die Welt, wenn du dich veränderst. Du kannst versuchen, die Welt zu verändern, so viel du willst – wenn du dich nicht änderst, passiert gar nichts. Du schaffst nur immer wieder dieselbe Welt.

Du schaffst dir deine eigene Welt. Deine Projektionen von der Welt kommen aus dir. Tantra sagt: Bewusstheit ist der Schlüssel, der Zentralschlüssel, der alle Lebenstüren öffnet.

Vergesst also nicht, die Sache ist heikel: Wenn ich über die Torheit der Ausschweifung spreche, denkt ihr sofort an Verdrängung. Das passiert jeden Tag: Ihr geht zum Gegenteil über. Doch der springende Punkt ist, sich nicht vom Gegenteil verführen zu lassen.

Sich vom Gegenteil verführen zu lassen, heißt, sich vom Teufel verführen zu lassen. Das ist der Teufel im Tantra-System: die Verlockung des Gegenteils. Es gibt keinen anderen Teufel. Der einzige Teufel ist die Gefahr, dass der Verstand dir einen Streich spielt und dir einredet, das Gegenteil sei richtig. Du bist gegen Ausschweifung? Der Verstand sagt: »Ganz einfach ... verdränge es. Keine Ausschweifung mehr – fliehe! Kehre dieser ganzen Welt den Rücken. Vergiss sie!« Aber wie kannst du sie vergessen? Ist es so einfach, sie zu vergessen? Warum musst du dann gleich so weit weglaufen? Wovor hast du Angst? Wenn du die Verlockungen der Welt so leicht ignorieren kannst, dann bleib doch

hier und ignoriere sie hier! – Aber du kannst nicht hier sein, du weißt, die Welt wird dich in Versuchung führen. Und diese momentane Einsicht, diese illusorische Einsicht, die du dir einredest, wird dir nicht viel helfen.

Wenn die Versuchung aus dem Begehren kommt, fällst du ihr zum Opfer. Du weißt es. Bevor das passiert, willst du lieber weglaufen, und zwar schnell. Du willst der Gelegenheit davonlaufen. Warum? Warum willst du der Gelegenheit davonlaufen?

In Indien übernachten die so genannten Heiligen niemals bei Familien. Warum? Was befürchten sie? In Indien berühren so genannte Heilige niemals eine Frau, sie schauen sie nicht einmal an. Warum? Was befürchten sie? Woher kommt ihre Furcht? Sie wollen der Gelegenheit ausweichen. Aber es ist keine große Leistung, den Gelegenheiten auszuweichen.

Der Gelegenheit einfach nur aus dem Wege zu gehen, bringt nicht viel. Das ist nur eine falsche Fassade. Du magst daran glauben, aber die Existenz kannst du nicht täuschen. Tatsächlich kannst du nicht einmal dich selbst täuschen. In deinen Träumen steigt immer wieder das auf, was du vermeintlich hinter dir gelassen hast. Es macht dich verrückt. Eure so genannten Heiligen können nicht einmal gut schlafen. Sie fürchten sich vor dem Schlaf. Warum? Weil sich die Welt, die sie unterdrückt haben, in ihren Träumen regt; das Unbewusste meldet sich und sagt: »Was machst du denn da? Du bist ein Narr!« So wirft das Unterbewusste wieder einmal sein Netz nach dir aus.

Solange du wach bist, kannst du verdrängen, aber wie willst du verdrängen, wenn du schläfst? Da verlierst du die Kontrolle. Im Wachzustand kann man verdrängen, aber dann geht das Bewusstsein schlafen ... Deswegen haben die Heiligen aller religiösen Traditionen schon immer den Schlaf gefürchtet. Sie haben ihren Schlaf reduziert, von acht Stunden auf sieben, auf sechs, auf fünf ... vier, drei, zwei Stunden. Und einfältige Leute halten dies für eine große Errungenschaft und denken: »Das ist ein großer Heiliger! Er schläft nur zwei Stunden.« Im Grunde beweist es aber nur eines: Er hat Angst vor seinem Unterbewussten. Er gibt seinem Unterbewussten keine Chance, sich zu melden.

Wenn du nur zwei Stunden schläfst, kann sich das Unterbewusste nicht zu Wort melden, denn diese beiden Stunden braucht der Körper, um sich zu erholen. Die besten Träume, die schönsten Träume kommen, wenn du eigentlich schon ausgeschlafen hast – darum hat man die besten Träume am Morgen, am frühen Morgen. Zuerst müssen die Bedürfnisse des Körpers befriedigt werden. Der Körper braucht seine Ruhe. Ist der Körper ausgeruht, dann braucht der Verstand seine Ruhe – aber das ist zweitrangig.

Wenn der Verstand ruht, dann wird das Unterbewusste in ausgeruhter Stimmung seine Wünsche kundtun, und Träume sind die Folge.

Das Zweite ist: Selbst wenn du in der Nacht nur zwei Stunden schläfst, können Träume da sein, aber du kannst dich nicht an sie erinnern. Du erinnerst dich immer nur an die späten Träume, die du in den frühen Morgenstunden hattest. Die anderen Träume der Nacht hast du vergessen, weil du sie im Tiefschlaf dir nicht merken kannst. So glaubt dann der Heilige, er hätte nicht von Sex geträumt, nicht von Geld geträumt, nicht von Macht, Prestige, Ehrbarkeit geträumt. Wenn er nur zwei Stunden schläft, ist dieser kurze Schlaf so wichtig für den Körper, dass er schon fast so tief ist wie ein Koma, und der Heilige kann sich an nichts mehr erinnern.

Du kannst dich an Träume nur erinnern, wenn du halb wach und halb eingeschlafen warst. Dann kann man sich an einen Traum erinnern, weil er nah am Tagesbewusstsein ist. Im Halbschlaf sickert etwas vom Traum ins Tagesbewusstsein, in die Wahrnehmung. Am Morgen erinnerst du dich ein bisschen daran.

Deshalb wirst du erstaunt sein, wenn ein Arbeiter, der den ganzen Tag körperlich hart arbeitet, deine Frage, ob er träume, verneint. Wer körperlich hart arbeitet, träumt nicht – oder kann sich vielmehr an keine Träume erinnern. Wer den ganzen Tag hart arbeitet, wer acht Stunden lang Holz hackt, Gräben aushebt, Steine bricht, der fällt nachts meist in einen komaähnlichen Schlaf. Träume kommen, aber man kann sich nicht an sie erinnern.

Höre also auf deinen Körper, auf deine körperlichen Bedürfnisse. Hör auf deine Psyche, auf deine psychischen Bedürfnisse. Umgehe sie nicht. Beschäftige dich damit, erforsche sie liebevoll und mit Sorgfalt.

Mache dir deinen Körper, deine Psyche, zum Freund, wenn du eines Tages über sie hinaus gelangen willst.

Tantra sagt: Freunde dich mit all deinen Lebensenergien an und lehne nichts ab.

# Die vier Mudras

*Tantra spricht von vier Siegeln oder Mudras. Auf dem Weg zur Erleuchtung durchschreitet der Sucher vier Türen, er muss vier Schlösser öffnen. Diese vier Schlösser heißen »die vier Mudras«. Sie sind sehr wichtig.*

AS ERSTE Mudra wird *Karma Mudra* genannt. Es ist die äußerste Tür, die Peripherie deines Wesens. Es ist äußerlich, wie alles Tun. Darum nennt man es Karma Mudra, denn *Karma* bedeutet Handlung, Das Tun ist der äußerste Bereich deines Wesens, deine Peripherie. Alles, was du tust, gehört zur Peripherie. Ob du jemanden liebst oder hasst oder tötest oder beschützt – alles, was du tust, geschieht an der Oberfläche deines Seins.

Das erste Siegel öffnest du, indem du total in deinem Handeln wirst ... total in allem, was du tust. Wenn du alles total tust, wird große Freude in dir aufkommen. Wenn du wütend bist, sei total wütend, und du wirst viel daraus lernen. Wenn du total wütend bist, und in deiner Wut total bewusst bleibst, wird die Wut eines Tages verschwinden. Wütend zu werden wird keinen Sinn mehr ergeben. Wenn du das verstanden hast, fällt es von dir ab.

Was du verstehst, kannst du leicht loslassen. Nur die Dinge, die du nicht verstehst, lassen dich nicht los. Versuche, total und wach zu sein: Das ist das erste Schloss, das zu öffnen ist.

Vergiss nie: Tantra ist sehr wissenschaftlich. Es gibt dir keine Mantras zu rezitieren. Es sagt: Werde bewusst in deinem Handeln.

Das zweite Siegel wird *Gyana Mudra* genannt. *Gyana* bedeutet »Wissen«. Tun ist mehr außen, Wissen mehr innen und tiefer. Ihr könnt zwar sehen, was ich tue, aber ihr könnt nicht sehen, was ich weiß. Wissen ist etwas Inneres. Handlungen lassen sich beobachten. Wissen lässt sich nicht beobachten, es ist innen.

Jetzt musst du anfangen, herauszufinden, was du wirklich weißt, und aufhören, an Dinge zu glauben, die du nicht wirklich weißt. Wenn jemand dich fragt: »Gibt es einen Gott?«, und du sagst: »Ja, es gibt Gott!« – pass auf! Weißt du es wirklich? Wenn du es nicht wirklich weißt, dann sage bitte nicht, dass du es weißt. Dann sag: »Ich weiß es nicht.« Wenn du ehrlich bist und nur das sagst, was du weißt, und nur an das glaubst, was du weißt, wird das zweite Schloss aufgehen.

Wenn du weiter an Dinge glaubst, die du nicht wirklich weißt, wirst du das zweite Siegel niemals aufbrechen können. Falsches Wissen ist der Feind wahren Wissens. Glaubenssysteme sind falsches Wissen. Man glaubt ihnen einfach, weil eure so genannten Heiligen euch ständig einreden: »Glaubt erst, dann werdet ihr wissen!«

Tantra sagt: Wisse erst, dann ergibt sich daraus der Glaube. Aber das ist eine völlig

Ihr »glaubt« an Gott, aber ihr *wisst*, dass es die Sonne gibt. Die Sonne geht auf, ihr braucht nicht erst an sie zu glauben; sie ist einfach da, und ihr *wisst* es. An Gott »glaubt« ihr nur. Ein solcher Gott ist ein Schwindel!

Es gibt einen anderen Gott – nämlich die *Göttlichkeit*, die aus der Erkenntnis kommt. Aber zunächst musst du die Spreu vom Weizen trennen: Lass alles fallen, was du nicht weißt, aber zu wissen glaubst. Du hast immer nur geglaubt und diese Last immerzu mit dir herumgeschleppt. Lass die Last fallen. Dann werden von hundert Dingen, die dich belasten, achtundneunzig von dir abfallen. Die kannst du alle über Bord werfen.

Nur wenige Dinge werden bleiben, über die du wirklich Bescheid weißt. Das gibt dir ein Gefühl großer Freiheit. Dein Kopf wird sich nicht mehr so schwer anfühlen. Mit dieser Freiheit und Leichtigkeit gehst du durchs zweite Mudra. Das zweite Schoss ist geknackt!

Das dritte Mudra wird *Samaya Mudra* genannt. *Samaya* bedeutet »Zeit«. Die erste, äußerste Schicht ist Tun, die zweite Schicht ist Wissen, die dritte Schicht ist Zeit.

Das Wissen ist verschwunden, du bist nur noch im Jetzt. Nur reinste Zeit ist geblieben.

Meditiere darüber. Im *Jetzt* gibt es kein Wissen. Wissen bezieht sich immer auf Vergangenes. Im jetzigen Augenblick ist kein Wissen; er ist völlig frei von Wissen. Jetzt, in diesem Augenblick – was weißt du? Nichts. Sobald du anfängst zu denken, dass du dieses oder jenes weißt, kommt das Wissen aus der Vergangenheit. Es kommt nicht aus dem Jetzt, aus diesem Augenblick. Wissen ist entweder aus der Vergangenheit oder eine Projektion in die Zukunft. Das Jetzt ist rein von allem Wissen.

Das Dritte ist also *Samaya Mudra* – das Sein im Hier-und-Jetzt. Warum nennt Tantra es *Samaya*, »Zeit«? Normalerweise denken wir, dass die Zeit aus Vergangenheit, Gegenwart und Zukunft besteht, aber Tantra sieht das anders. Tantra sagt: Nur die Gegenwart ist Zeit, die Vergangenheit nicht, denn sie ist schon vorbei; und die Zukunft auch nicht, denn sie kommt erst. Nur die Gegenwart existiert.

In der Gegenwart zu sein heißt, in der wirklichen Zeit zu sein. Nicht in Erinnerungen oder Träumen, die eine Täuschung sind. Hier, im Jetzt, brichst du das dritte Siegel auf.

Das vierte Siegel heißt *Mahamudra* – »die große Geste«. Das ist die innerste Ebene, und sie ist wie leerer Raum. Hier ist nur reiner Raum. Tun, Wissen, Zeit, Raum – das sind die vier Siegel. Raum ist dein innerster Kern, die Nabe des Rades, das Zentrum des Zyklons.

In deiner innersten Leere ist Raum, Himmel.

## LUST, FREUDE, SELIGKEIT

Lust ist, wenn deine Energie nach außen fließt – körperliche Lust. Freude ist, wenn deine Energie nach innen fließt – subjektives Erleben in der Psyche. Und was ist Seligkeit? – Wenn die Energie nirgendwo mehr hinfließt, wenn sie einfach nur da ist. Du gehst nirgends hin, du bist einfach da: Du *bist*. Im *Sein* gibt es keine Ziele, keine Wünsche, gibt es nichts mehr zu erreichen. Du bist ohne Zukunft – jetzt und hier. Wenn sich die Energie wie in einem See sammelt – wenn nichts sich bewegt, nichts wegfließt ... Da ist kein Ziel zu erreichen, nichts zu finden. Du bist einfach hier, völlig präsent, ganz hier. Dieses *Jetzt* ist die einzige Zeit, die du hast, und dieses *Hier* der einzige Raum – dann geschieht es, dass all die gesammelte Energie, die nicht mehr in Körper, Psyche und Ziele abfließt, alles überflutet: Der tausendblättrige Lotos öffnet sich. Freude und Lust sind die Knospen; Gnade, Dankbarkeit und Herrlichkeit die Blätter; und die höchste Blüte der Seligkeit, die Erfüllung, ist die Frucht. Du bist daheim.

DRITTER TEIL

# Grundlagen der
# tantrischen Vision

*Das wahre Tantra ist nicht Technik, sondern Liebe. Es ist nicht Technik, sondern Andacht. Es ist nicht kopfgesteuert, sondern eine Entspannung ins Herz. Bitte vergesst das nicht. Über Tantra sind viele Bücher geschrieben worden, und alle reden von Technik. Wahres Tantra hat aber nichts mit Technik zu tun. Das wahre Tantra kann man nicht beschreiben – man muss es trinken.*

# Weg der Intelligenz

*Es gibt zwei Wege, sich der Wirklichkeit anzunähern: den Weg des Intellekts und den Weg der Intelligenz. Der Weg des Intellekts besteht darin, über die Wirklichkeit zu theoretisieren, nachzudenken, zu spekulieren. Alles Spekulieren ist sinnlos, denn wie kann man über etwas spekulieren, das man nicht kennt? Wie will man über etwas nachdenken, das man nicht kennt?*

Das Unbekannte kann nicht gedacht werden; es ist nicht möglich, über das Unbekannte nachzudenken. Alles was du denkst, kennst du schon, und es wiederholt sich ständig in deinem Kopf. Ja, du kannst dir neue Kombinationen alter Gedanken ausdenken, aber durch neue Kombinationen allein wirst du das Wirkliche nicht entdecken. Du wirst dich nur selbst betrügen.

Der Intellekt ist der größte Betrüger der Welt. Durch den Intellekt macht sich der Mensch seit Urzeiten etwas vor. Durch den Intellekt zerredet ihr die Wirklichkeit – erklären tut ihr sie nicht. Durch den Intellekt wirbelt ihr so viel Staub auf, dass ihr die Wirklichkeit überhaupt nicht mehr wahrnehmen könnt und von der Existenz abgeschnitten seid. Ihr verliert euch in euren Heiligen Schriften – woanders ist noch nie ein Mensch verloren gegangen. Nur im Dschungel der Schriften gehen die Menschen verloren.

Tantra ist der Weg der Intelligenz, nicht des Intellekts. Es beantwortet keine Fragen, es gibt überhaupt keine Erklärungen; es erklärt gar nichts. Es ist kein Fragen, es ist ein Suchen. Tantra erkundigt sich nicht über die Wahrheit, es erkundet die Wahrheit. Es durchleuchtet die Wirklichkeit. Es trachtet alle Wolken aufzulösen, die dich einhüllen, damit du die Wirklichkeit so sehen kannst, wie sie ist.

Tantra bedeutet, über das Denken hinauszugehen. Deshalb haben die Tantriker die Liebe so sehr gepriesen. Deshalb konnte der Liebesorgasmus zum Symbol für die höchste Wirklichkeit werden. Und zwar, weil ihr nur im Liebesorgasmus für kurze Augenblicke den Kopf verliert. Nur auf diesem Wege kann der gewöhnliche Mensch den Zustand des Nichtdenkens erreichen. Das ist die einzige Möglichkeit, die ihr habt, einen Schimmer der Wirklichkeit zu erhaschen.

Darum ist der sexuelle Orgasmus auf dem Weg des Tantra so ungeheuer wichtig geworden. Nicht etwa, dass er euch bereits die höchste Wirklichkeit bescherte, aber er gibt euch zumindest eine Möglichkeit, einen Blick

über den Verstand hinaus zu werfen. Er öffnet euch ein kleines Fenster – nur kurz, nur für einen Augenblick –, dennoch ist das die einzige Chance, die ihr habt, mit der Wirklichkeit in Kontakt zu kommen. Sonst seid ihr ständig von euren Gedanken umnebelt, und die Gedanken erklären euch nichts. Alle Erklärungen sind reiner Unsinn. Die Wirklichkeit des Menschen ist ein Mysterium. Es gibt keine Antwort auf sie, denn sie ist keine Frage. Sie ist ein Mysterium, das gelebt werden muss, und kein Problem, das gelöst werden muss. Und vergesst nicht den Unterschied zwischen einem Problem und einem Mysterium: Ein Mysterium ist existenziell, ein Problem ist intellektuell. Das Mysterium kommt nicht aus dem Verstand, also kann es der Verstand nicht lösen. Das Problem wird vom Verstand erzeugt, also kann es der Verstand auch lösen. Aber das Mysterium des Lebens, dieses Mysterium der Existenz, das euch umgibt – diese Bäume, diese Sterne, diese Vögel, diese Menschen, du selbst – wie willst du es über den Verstand begreifen?

Der Verstand ist ein Neuankömmling. Die Existenz kam lange ohne den Verstand aus. Er ist erst in jüngerer Zeit hinzugekommen. Die Wissenschaft sagt, wenn wir die Geschichte des Menschen in vierundzwanzig Stunden einteilen – ein einziger Tag –, dann ist der Verstand gerade erst vor zwei Sekunden hinzugekommen. Vor zwei Sekunden! Wie sollte er irgendetwas lösen können? Was kann er schon lösen? Er kennt nicht den Anfang, er kennt nicht das Ende. Er ist gerade erst angekommen, mittendrin. Er hat nicht die Perspektive.

Wer wirklich wissen will, was dieses Unbekannte ist, muss aus dem Verstand aussteigen. Er muss in der Existenz aufgehen. Das ist der tantrische Weg.

Tantra ist keine Philosophie. Tantra ist durch und durch existenziell. Und vergesst nicht, wenn ich sage, Tantra ist existenziell, dann spreche ich nicht vom Existenzialismus eines Sartre, Camus, Marcel und anderer. Deren Existenzialismus ist eine Philosophie, eine Philosophie *über* die Existenz. Das ist nicht der Weg des Tantra. Und das macht einen enormen Unterschied aus.

Die existenzialistischen Philosophen des Westens sind nur auf das Negative gestoßen: Schmerz, Angst, Depression, Traurigkeit, Sorge, Hoffnungslosigkeit, Sinnlosigkeit, Ziellosigkeit – all das Negative.

Tantra ist auf alles gestoßen, was schön und freudvoll und glückselig ist. Tantra sagt: Diese Existenz, die ganze Schöpfung, ist ein einziger Orgasmus, eine immerwährende Ekstase.

Da liegen Welten dazwischen! Sartre denkt ständig über die Existenz nach. Tantra sagt: Das Denken ist nicht die Tür; es führt nirgendwohin. Das Denken ist eine Sackgasse. Die Philosophie ist wunderbar für Leute, die einfach ein bisschen spinnen wollen. Mit der Philosophie kann man Mücken zu Elefanten zu machen.

Die Philosophie macht Mücken zu Elefanten, und sie kann es noch ewig so weitermachen – es ist kein Ende abzusehen. Seit mindestens fünf Jahrtausenden philosophieren die Menschen über alles und jedes: über den Anfang, über das Ende, über die Mitte – über alles und jedes. Und nicht eine einzige Frage wurde gelöst! Und nicht eine einzige Frage wurde gelöst! Die Philosophie hat sich als die vergeblichste aller Mühen erwiesen. Trotzdem machen wir

immer weiter, obwohl wir genau wissen, dass nie etwas dabei herauskommt. Warum setzen wir trotz allem unsere Bemühungen fort?

Weil es so billig ist. Philosophie verlangt von dir keinen Einsatz, sie ist völlig unverbindlich. Du kannst in deinem Sessel sitzen bleiben und weiterdenken. Sie ist ein Traum. Sie verlangt von dir nicht, dass du dich veränderst, damit du die Wirklichkeit wahrzunehmen lernst. Dazu gehört Mut – Mut und Abenteuerlust.

Um die Wahrheit zu erkennen, musst du dich in das größte Abenteuer stürzen, das es gibt. Du kannst dich verirren, wer weiß? Du kommst vielleicht nie mehr zurück, wer weiß? Oder du kommst zurück, völlig verändert – und wer weiß, ob zum Guten oder zum Schlechten?

Der Weg ist unbekannt, eine Route gibt es nicht. Du musst mit verbundenen Augen diesen Sprung wagen, in dunkler Nacht, ohne Wegkarte und ohne zu wissen, wohin du springst, ohne zu wissen, was dich erwartet. Nur wenige sind so tollkühn, diese existenzielle Suche zu beginnen.

Tantra hat immer nur wenige angezogen, aber sie sind das Salz der Erde.

# Jenseits von Ausschweifung

*Tantra ist kein Weg der Ausschweifung. Es ist der einzige Weg, die Ausschweifung zu überwinden. Es ist der einzige Weg, die Sexualität zu überwinden. Kein anderer Weg erwies sich bisher für die Menschen als hilfreich. Alle anderen Wege haben nur zu noch mehr Sexbesessenheit geführt.*

DER SEX IST nicht verschwunden. Die Moralprediger haben es nur geschafft, ihn zu vergiften. Er existiert immer noch, aber total vergiftet! O ja, hinzugekommen sind Schuldgefühle, aber verschwunden ist der Sex bis heute nicht. Und er kann auch gar nicht verschwinden, denn er ist eine biologische Realität. Er ist existenziell. Er verschwindet nicht einfach dadurch, dass man ihn unterdrückt.

Der Sex kann nur verschwinden, wenn die Menschen so bewusst werden, dass sie die im Sex gefangene Energie befreien können. Sie kann aber nicht durch Verdrängung, sondern nur durch Verständnis frei werden. Und sobald die Energie befreit ist, wächst aus dem Schlamm der Lotos! Aus dem Schlamm sucht sich der Lotos seinen Weg nach oben. Verdrängung drückt ihn nur noch tiefer in den Schlamm.

Die ganze Menschheit hat den Sex in den Schlamm des Unbewussten verbannt. Ständig unterdrücken die Menschen ihre Sexenergie, sie sitzen darauf und erlauben ihr nicht, zu fließen. Manche töten sie durch Fasten, Selbstkasteiung oder ein Einsiedlerleben in einer Himalajahöhle ab, oder sie gehen in ein Kloster, wo den Frauen – oder Männern – seit Jahrhunderten der Zutritt verwehrt wird. Doch all diese Methoden der Unterdrückung erzeugen nur noch mehr sexuelle Fantasien und Träume von Ausschweifung.

Tantra ist kein Weg der Ausschweifung. O nein – es ist der einzige Weg zur Freiheit. Tantra sagt: Alles, was existiert, will verstanden sein, und allein durch das Verstehen kommt Veränderung wie von selbst.

Ausschweifung ist selbstmörderisch, ebenso selbstmörderisch wie Unterdrückung. Dies sind die beiden Extreme, vor denen Buddha gewarnt hat: Das eine Extrem ist die Verdrängung, das andere die Ausschweifung. Man sollte genau in der Mitte bleiben: nicht unterdrücken, aber sich auch nicht gehen lassen.

Verweile genau in der Mitte, aufmerksam, wach und bewusst. Dies ist dein Leben! Weder darf es unterdrückt noch darf es verschleudert werden – es muss verstanden werden!

Es ist dein Leben – geh achtsam damit um! Liebe es! Freunde dich mit ihm an! Wenn du dich mit deinem Leben anfreundest, wird es dir viele Geheimnisse offenbaren. Es wird dich unmittelbar an die Tür des Göttlichen führen.

Tantra hat absolut nichts mit Ausschweifung zu tun. Die repressiven Leute haben Tantra

schon immer für ausschweifend gehalten, weil ihr Denken so sehr vom Sex besessen ist. Wie könnte auch ein Mönch, der in einem Kloster lebt, wo er nie eine Frau zu Gesicht bekommt, *nicht* denken, dass Saraha der Ausschweifung frönt, wenn er mit einer Frau zusammenlebt? Und nicht nur mit ihr lebt, sondern perverse Dinge mit ihr treibt! Nackt vor ihr zu sitzen – sie auch nackt! – und die Frau zu beobachten! Oder sogar im Liebesakt sich selbst und sein Tun zu beobachten!

Nun, dieses Beobachten ist von außen nicht zu sehen. Nur den Liebesakt kann man sehen. Und wenn man repressiv ist, aktiviert es die ganze verdrängte Sexualität. Man wird fast verrückt dabei! Dann projiziert man alles, was man selbst verdrängt hat, auf Saraha. Dieser tut aber nichts dergleichen; ihm geht es um eine ganz andere Dimension. Er ist nicht wirklich am Körper interessiert – er will sehen, was diese Sexualität ist, was die Faszination des Sex ausmacht, was genau ein Orgasmus ist. Er will auf dem Höhepunkt meditativ bleiben, um den Schlüssel zu diesem Geheimnis zu finden. Vielleicht liegt dort der Schlüssel, der die Tür zur Transzendenz öffnet.

Und der Schlüssel liegt tatsächlich dort. Die Natur hat ihn in unserer Sexualität versteckt. Einerseits pflanzt sich das Leben durch Sex fort, aber das ist nur ein Teilaspekt. Ein anderer Aspekt ist der, dass die sexuelle Energie, mit vollem Bewusstsein angewandt, uns einen Schlüssel zum Eintritt in das ewige Leben liefern kann. Ein kleiner Teilaspekt des Sex ist also, dass dir Kinder geboren werden. Der andere, höhere Aspekt ist der, dass du ins ewige Leben eingehen kannst.

Sexenergie ist Lebensenergie. Die Politiker

und die Priester können nur Unterdrückung predigen, denn damit können sie Leute in den Wahnsinn treiben. Geistesgestörte sind leichter zu beherrschen als geistig Gesunde. Menschen, die sexuell gestört sind, verlegen sich auf andere Dinge: Geld oder Macht oder Berühmtheit. Sie brauchen ein Ventil für ihre Sexenergie, die in ihrem Innern brodelt und kocht und ein Betätigungsfeld sucht. Geldgier und Machthunger sind solche Ventile.

Unsere Gesellschaft ist total sexbesessen. Ohne Sexbesessenheit würden die Leute nicht wie verrückt dem Geld nachlaufen. Wem läge dann etwas am Geld, an der Macht? Wer würde Präsident werden wollen, wenn er lieben kann?

Das Leben in seiner Einfachheit ist so schön, so unübertrefflich in seiner Gewöhnlichkeit – warum sollte man jemand Besonderes werden wollen? Ein Niemand zu sein ist so erfüllend! Man entbehrt nichts. Wenn die Menschen aber sexuell unterdrückt und ihrer sexuellen Energie beraubt sind, entbehren sie so viel, dass sie gierig und unablässig nach etwas suchen, was ihnen Freude zu spenden vermag, denn hier ist keine Freude zu finden!

Die Natur hat uns Sex als etwas geschenkt, das uns immer wieder total in die Gegenwart holt. Im Alltag seid ihr nie in der Gegenwart, außer wenn ihr euch in der Liebe hingebt – und selbst dann geschieht es nur für Sekunden.

Tantra sagt: Versuche den Sex zu verstehen. Versuche die Sexualität zu entschlüsseln. Wenn Sex von so zentraler Wichtigkeit ist, dass das Leben aus ihm hervorgeht, dann muss mehr daran sein! Dieses »Mehr« ist der Schlüssel zur Transzendenz, zur Göttlichkeit.

# Jenseits des Tabus

*Warum ist Sex zu allen Zeiten, in allen Gesellschaften, ein solches Tabu gewesen? Das ist eine sehr komplizierte Frage, aber sie ist sehr wichtig und muss eingehender behandelt werden.*

SEX IST DER stärkste Instinkt im Menschen. Politiker und Priester haben von Anfang an verstanden, dass die Sexualität die stärkste Antriebsenergie des Menschen ist. Also muss man sie kappen, muss sie beschneiden! Wenn man den Menschen ihre sexuelle Freiheit lässt, kann man sie nicht beherrschen. Dann ist es unmöglich, Sklaven aus ihnen zu machen.

Kennt ihr nicht ein gutes Beispiel? Was macht man, wenn man einen Bullen unter das Joch eines Ochsenkarrens zwingen will? Man kastriert ihn. Man raubt ihm seine Sexenergie. Und habt ihr den Unterschied zwischen einem Bullen und einem Ochsen gesehen? Was für ein Unterschied! Der Ochse ist eine armselige Kreatur, ein Sklave. Der Bulle in seiner ganzen Herrlichkeit ist eine prachtvolle Erscheinung. Seht, wie er sich bewegt! Er schreitet wie ein König. Und dann seht den Ochsen unterm Joch.

Genauso hat man es mit dem Menschen gemacht: Man hat seinen Geschlechtsinstinkt beschnitten, gekappt, verkrüppelt. Der Mensch lebt heutzutage, nicht wie der Bulle, sondern wie ein Ochse. Und jeder zieht tausend und einen Ochsenkarren hinter sich her. Schau dich um: Du ziehst tausend und einen Ochsenkarren hinter dir her, und du stehst unter jedem Joch.

Wieso lässt sich ein Bulle nicht unter das Joch zwingen? Er ist viel zu stark. Sieht er im Vorbeigehen eine Kuh, dann wirft er dich mitsamt dem Karren um und stürzt sich auf die Kuh. Es ist ihm völlig egal, wer du bist; er wird dir nicht gehorchen. Einen Bullen kann man unmöglich kontrollieren.

Sexenergie ist Lebensenergie, sie ist unkontrollierbar. Die Politiker und Priester sind nicht an *dir* interessiert, sie sind nur daran interessiert, deine Energie in andere Richtungen zu lenken. Also verbirgt sich ein Mechanismus dahinter, den man verstehen sollte.

Sexuelle Unterdrückung und das Sextabu bilden das Fundament menschlicher Sklaverei. Die Menschen können nicht wirklich frei sein, solange man ihrer sexuellen Energie nicht die natürliche Entfaltung erlaubt.

Es gibt fünf Tricks, mit denen man den Menschen zum Sklaven gemacht hat, zu einer armseligen Kreatur, zu einem Krüppel.

Der erste Trick: Man halte die Leute schwach – dann kann man sie beherrschen. Wenn Priester und Politiker euch beherrschen wollen, müssen sie euch möglichst schwach halten. In manchen Fällen gibt es natürlich Ausnahmen, etwa wenn eure

Grundlagen der tantrischen Vision 103

Dienste im Kampf gegen den Feind gebraucht werden, aber sonst nicht. In der Armee ist vieles erlaubt, was andere nicht dürfen. Die Armee dient dem Tod. Sie darf so stark sein, wie sie will, denn man braucht sie, um den Feind zu töten. Aber die anderen werden kaputt gemacht. Man schwächt sie in jeder Hinsicht, und das geht am besten, wenn man ihnen die totale Freiheit in der Liebe vorenthält.

Liebe ist Nahrung. Psychologen haben beobachtet, dass Babies, die keine Liebe bekommen, zu schrumpfen anfangen und immer schwächer werden. Selbst wenn man alle anderen Bedürfnisse erfüllt – Milch, Medizin und alles andere: Wenn sie keine Liebe erhalten, keine Umarmungen, keine Küsse, keine Körperwärme, dann werden sie so schwach, dass sie eher sterben als überleben. Ein Kind, das umarmt und geküsst wird und Wärme erhält, fühlt sich unterstützt, angenommen, geliebt und gebraucht. Das Kind fühlt seinen Wert, und dass sein Leben einen Sinn hat.

Aber wir lassen Kinder von früher Kindheit an nach Liebe hungern. Wir geben ihnen nicht so viel Liebe, wie nötig wäre. Und später müssen junge Männer und Frauen oft bis zur Hochzeit warten, bevor sie sich verlieben und Sex haben dürfen. Mit vierzehn erreichen sie die sexuelle Reife, aber ihre Ausbildung dauert so lange ... Erst mit vier-, fünfundzwanzig machen sie ihren Universitätsabschluss – und bis dahin sollen sie mit der Liebe noch warten?

Etwa mit achtzehn ist die sexuelle Energie am Höhepunkt. Nie wieder ist der Mann so potent, nie wieder wird die Frau einen größeren Orgasmus erleben können als um die achtzehn. Aber in

vielen Gegenden der Welt hindert man sie daran, miteinander zu schlafen. Wir richten es so ein, dass Jungs und Mädels nur getrennt schlafen dürfen und auch sonst getrennt sind. Und der ganze pädagogische und bürokratische Apparat steht dazwischen und hält die jungen Leute voneinander fern. Warum nur? Wozu dieser ganze Aufwand? – Man will den Bullen töten und lauter Ochsen hervorbringen.

Mit achtzehn stehst du auf der Höhe deiner sexuellen Kraft, deiner Liebeskraft. Es wird aber immer später geheiratet. Je zivilisierter das Land, desto länger musst du warten, denn es gibt so vieles zu lernen, du musst einen Job finden, und und und ... Bis du endlich heiraten kannst, sind deine Kräfte schon wieder am Schwinden.

Dann liebst du endlich, aber deine Liebe wird nie so richtig heiß werden. Sie erreicht nie den Punkt, wo du dich auflöst; sie bleibt lauwarm. Und wenn es dir nie vergönnt war, total zu lieben, kannst du auch deine Kinder nicht lieben, denn du weißt nicht, wie. Und wenn du nie jene Höhepunkte erlebt hast, wie willst du sie dann deinen Kindern vermitteln? Wie kannst du ihnen dann helfen, diese Gipfel kennen zu lernen?

So hat man den Menschen von alters her die Liebe vorenthalten, um sie schwach zu halten.

Der zweite Trick: Man halte die Leute so unwissend und verwirrt wie möglich, damit sie leichter zu betrügen sind. Wenn eine allgemeine Verblödung eintreten soll – und das ist für die Verschwörung der Priester und Politiker absolut unentbehrlich –, dann lässt sich dies am besten dadurch erreichen, dass man den Menschen nicht erlaubt, sich in der Liebe frei zu entfalten. Ohne Liebe schrumpft die menschliche Intelligenz. Ist euch das noch nicht aufgefallen?

Wenn du dich verliebst, steigern sich alle deine Fähigkeiten maximal. Bis vor kurzem warst du noch ganz grau, aber dann hast du deine Frau getroffen ... und mit einem Mal bricht eine große Freude in dir aus; du bist entflammt. Wenn Leute verliebt sind, können sie Berge versetzen. Verschwindet die Liebe wieder oder ist keine Liebe da, so leben sie auf Sparflamme.

Die intelligentesten, fähigsten Leute sind

auch die sexuellsten. Das muss man verstehen. Liebesenergie ist im Grunde reine Intelligenz. Wer nicht liebt, ist irgendwie verschlossen und kalt; er kann nicht fließen. Wenn du liebst, bist du im Fluss. In Liebe sind wir so zuversichtlich, dass wir die Sterne vom Himmel holen könnten! So kann eine Frau, ein Mann, für jemanden eine große Inspiration sein. Eine Frau, die geliebt wird, ist sofort schön, augenblicklich! Vor einer Sekunde war sie noch gewöhnlich, aber dann wurde sie mit Liebe überschüttet – und jetzt wirkt sie wie in einer neuen Energie gebadet. Sie hat eine andere Aura, sie geht voller Anmut, ihr Schritt wird tänzerisch. Die Augen strahlen von einer tiefen Schönheit, das Gesicht leuchtet. Und einem Mann ergeht es ebenso.

Wenn Menschen verliebt sind, haben sie ihre maximale Leistungsfähigkeit. Nimmt man ihnen die Liebe, dann bleiben sie auf Minimallevel. Auf dem Minimum sind sie dumm, unwissend und an gar nichts interessiert. Und wenn die Leute unwissend und dumm und verwirrt sind, kann man ihnen alles Mögliche vorgaukeln.

Wenn Menschen sexuell unterdrückt sind, wenn sie ihre Liebe unterdrücken, fangen sie an, sich nach einem »anderen Leben« zu sehnen. Sie machen sich Gedanken über den Himmel oder das Paradies – aber sie gehen nicht daran, sich das Paradies hier auf Erden zu schaffen.

Wenn du verliebt bist, ist das Paradies hier und jetzt. Dann ist dir der Priester völlig egal; dann ist dir auch sein Paradies völlig egal. Du lebst ja schon im Paradies! Dann interessiert dich das andere nicht mehr. Wenn aber deine Liebesenergie nicht fließt, denkst du: »Das Hier ist nichts, das Jetzt ist leer. Aber irgendwo muss es doch etwas geben

« Du gehst zum Priester und fragst ihn – und er malt dir das jenseitige Leben im Himmel in den schönsten Farben aus.

Sex wurde unterdrückt, damit ihr Interesse am »jenseitigen Leben« bekommt. Und wer sich für ein Leben im Jenseits interessiert, wird sich nicht für das Leben im Diesseits interessieren.

Tantra sagt: Dieses Leben ist das einzige. Das »andere« Leben verbirgt sich in diesem; es ist ihm nicht entgegengesetzt, ist nicht weit weg, sondern darin enthalten. Geh hinein! *Das ist es!* Geh hinein, und du wirst auch das »andere« finden. Gott verbirgt sich in dieser Welt.

Das ist die Botschaft von Tantra – eine großartige, prächtige, unvergleichliche Botschaft: Gott ist in der Welt verborgen, Gott ist im Hier und Jetzt verborgen. Und wenn du liebst, kannst du es fühlen.

Das dritte Geheimnis: Man mache den Leuten so viel Angst wie nur möglich. Und der sicherste Weg ist der, ihnen das Lieben zu verbieten, denn Liebe vertreibt die Angst. Wenn du liebst, kannst du gegen die ganze Welt antreten. Wenn du liebst, hast du grenzenloses Vertrauen in deine eigenen Fähigkeiten. Aber wenn du nicht liebst, macht dir schon eine Kleinigkeit Angst. Wenn du nicht liebst, möchtest du dich absichern und schützen. Wenn du liebst, suchst du das Abenteuer und bist auf Entdeckungen aus.

Man hat den Menschen nicht erlaubt zu lieben, weil man dadurch ihre Angst verstärken kann. Und wenn sie zittern vor Angst, dann liegen sie vor den Priestern auf den Knien und beugen sich den Politikern.

Es ist eine große Verschwörung gegen die Menschheit. Es ist eine große Verschwörung gegen euch! Eure Politiker und eure Priester sind eure Feinde, geben sich aber als Diener der Öffentlichkeit aus. Sie sagen: »Wir sind hier, um euch zu dienen und euer Leben zu verbessern. Wir sind hier, um euch ein besseres Leben zu verschaffen.« Doch in Wahrheit sind gerade sie diejenigen, die das Leben zerstören.

Der vierte Trick: Man halte die Menschen so unglücklich wie möglich. Denn unglückliche Menschen sind verwirrt, sie haben kein Gefühl von Selbstwert, sie klagen sich selber an. Ein unglücklicher Mann meint, er habe etwas falsch gemacht. Eine unglückliche Frau hat keine Erdung; lässt sich leicht herumschubsen, wird schnell zu Treibholz. Ein unglücklicher Mensch lässt sich leicht herumkommandieren, lässt sich gern zurechtweisen und disziplinieren, denn er weiß: »Allein bin ich einfach nur unglücklich. Vielleicht kann jemand mein Leben in die Hand nehmen?« Er ist ein bereitwilliges Opfer.

Und der fünfte Trick: Man entfremde die Menschen voneinander, so weit wie möglich, damit sie sich nicht für irgendeine Sache solidarisieren können, die dem Priester und dem Politiker missfallen könnte. Man sorge dafür, dass die Menschen sich nicht zu nahe kommen. Man gestatte ihnen nicht zu viel Intimität. Wenn die Leute isoliert und einsam sind, voneinander entfremdet, können sie sich nicht zusammentun. Und es gibt tausend Tricks, sie daran zu hindern.

Zum Beispiel: Wenn du ein Mann bist und gehst mit einem anderen Mann Hand in Hand singend die Straße hinunter – was passiert? Du bekommst ein schlechtes Gewissen, weil sich die Leute nach dir umdrehen: »Sind die schwul – homosexuell oder so?« Zwei Männer dürfen zusammen nicht fröhlich sein. Man erlaubt ihnen nicht, sich an der Hand zu halten, schon gar nicht, sich zu umarmen. Sofort sind sie als Homosexuelle abgestempelt. Das macht Angst.

Wenn du einen Freund triffst und er deine Hand in seine nimmt, schaust du dich um, ob es jemand sieht, und lässt schnell seine Hand wieder los. Ihr seid so in Eile, wenn ihr euch die Hände schüttelt! Habt ihr das schon bemerkt? Ihr berührt euch an den Händen und schüttelt sie und fertig. Ihr haltet die Hand nicht fest, ihr umarmt euch nicht. Ihr habt Angst.

Kannst du dich erinnern, dass dein Vater dich je umarmt hätte? Kannst du dich erinnern, dass deine Mutter dich je umarmt hätte, nachdem du sexuell reif geworden warst? Warum nicht? Es ist anerzogene Angst: Ein junger Mann und seine Mutter, und sie umarmen sich? Wie leicht könnte da Sex ins Spiel kommen, irgendeine Vorstellung, eine Fantasie! Anerzogene Angst: Vater und Sohn, Vater und Tochter – o nein! Bruder und Schwester – o nein! Bruder und Bruder – o nein! Man hält die Menschen getrennt, jeder schön brav in seiner Schublade! Jeder hinter hohen Mauern verbarrikadiert.

Ja, nachdem man dich fünfundzwanzig Jahre lang auf diese Art trainiert hat, darfst du endlich Liebe machen mit deiner Ehefrau! Aber jetzt steckt dir dein Training zu tief in den Knochen, und plötzlich weißt du gar nicht, was du tun sollst. Wie liebt man? Diese Sprache hast du nicht gelernt. Es ist, als hätte man jemandem fünfundzwanzig Jahre zu sprechen verboten. Hört nur: Fünfundzwanzig Jahre lang durfte er den Mund nicht aufmachen! Und nun stellt man ihn auf die Bühne und sagt: »Halte uns einen großartigen Vortrag.« Was

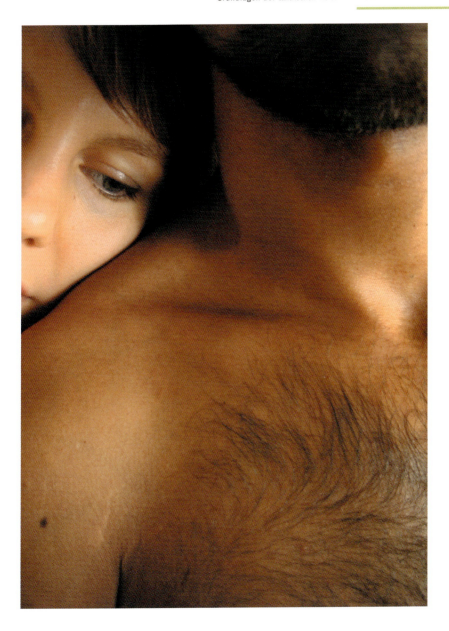

wird passieren? Er wird umfallen, auf der Stelle. Vielleicht fällt er in Ohnmacht, oder er stirbt sogar. So viele Jahre ohne Gelegenheit, und nun soll er plötzlich groß herauskommen? Das ist unmöglich! Aber genau so ist es: Fünfundzwanzig Jahre Training in Anti-Liebe und Angst, und nun ist es dir plötzlich legal erlaubt – sogar mit Lizenz! –, dass du diese Frau lieben darfst! Hier seid ihr, Mann und Frau, und jetzt liebt euch! Aber was ist mit all den Jahren falscher Erziehung? Sie sind nicht verschwunden.

Ja, du wirst »lieben« ... du machst eine Geste. Explosiv wird sie nicht sein, orgasmisch wird sie nicht sein; sehr mickrig wird sie sein. Kein Wunder, dass du frustriert bist, nachdem du die Frau geliebt hast. Neunundneunzig Prozent aller Menschen sind nach dem Liebesakt frustriert, frustriert wie nie zuvor. Und sie denken: »Wie? Soll das alles sein? Da ist doch nichts dahinter!«

Zuerst haben es die Priester und Politiker so hingedreht, dass ihr nicht lieben könnt, und dann gehen sie hin und predigen, an der Liebe sei gar nichts dran ist. Und offenbar haben sie Recht, denn es stimmt genau mit deiner Erfahrung überein! Erst brocken sie dir diese Erfahrung von Frust und Vergeblichkeit ein, und dann kommen sie mit ihren Lehren! Und beides passt völlig logisch zusammen – wie aus einem Guss.

Dies ist ein großer Streich – der größte, der dem Menschen je mitgespielt wurde! All diese fünf Tricks haben einen gemeinsamen Nenner: das Liebestabu. Alle diese Absichten lassen sich dadurch erreichen, dass man die Menschen irgendwie daran hindert, einfach zu lieben. Und das Tabu ist auf geradezu wissenschaftliche Weise bewerkstelligt worden. Dieses Tabu ist ein großes »Kunstwerk« – man hat viel List und Tücke hineingesteckt. Ein wahres Meisterstück! Dieses Tabu der Liebe gilt es zu verstehen.

Erstens: Es ist indirekt, es ist versteckt. Es tritt nicht in Erscheinung, denn wenn ein Tabu in Erscheinung tritt, kann es nicht funktionieren. Das Tabu muss gut versteckt sein, damit du nicht herausfindest, wie es funktioniert. Es muss so gut versteckt sein, dass du nicht mal auf die Idee kommst, du könntest etwas dagegen haben. Das Tabu muss ins Unbewusste eindringen; es darf nicht bewusst werden. Es muss sehr subtil und indirekt sein – wie wird das gemacht?

Hier ist der Trick: Zuerst wird gepredigt, wie großartig die Liebe sei, damit keiner denkt, die Priester und Politiker hätten etwas dagegen. Man predigt ständig, wie großartig die Liebe sei, das einzig Wahre, und gleichzeitig schafft man ein liebesfeindliches Umfeld und verhindert die Gelegenheit für Liebe. Man predigt, wie gut das Essen schmeckt und welchen Spaß es macht, zu essen – und sorgt gleichzeitig dafür, dass nichts auf den Tisch kommt. Haltet die Leute hungrig, und redet ständig von Liebe.

Also reden die Priester ständig von Liebe: Die Liebe kommt gleich nach Gott – aber jede Gelegenheit, dass sie sich ereignen könnte, wird verhindert. Direkt ermutigt man sie, und indirekt kappt man ihr die Wurzeln. Darin besteht das Meisterwerk.

Die Liebe wird den Menschen so sehr vorenthalten. Nichts auf dieser Welt ist seltener als Liebe – sie darf niemandem versagt werden. Und wenn du fünf Menschen lieben kannst, dann solltest du fünf lieben. Wenn du fünfzig lieben kannst, dann solltet du fünfzig lieben. Wenn du

fünfhundert lieben kannst, solltest du fünfhundert lieben. Liebe ist etwas so Seltenes: Je mehr du sie verbreiten kannst, umso besser.

Aber man drängt dich in eine enge Ecke: Du darfst nur deine Frau lieben, darfst nur deinen Mann lieben, darfst nur dies und nur das lieben ... Es ist wie ein Gesetz, das einem nur zu atmen erlaubt, wenn man mit seiner Ehefrau oder mit seinem Ehemann zusammen ist! Bald würdest du nicht einmal mehr atmen können, wenn du mit deiner Frau oder deinem Mann zusammen bist! Auf diese Weise würde Atmen unmöglich und du würdest sterben. Du musst vierundzwanzig Stunden am Tag atmen.

Darum liebe!

Dann gibt es da noch so einen Trick. Sie reden von »höherer Liebe«, während sie die niedere zerstören. Sie sagen, die niedere Liebe sei abzulehnen. Körperliche Liebe sei schlecht, spirituelle Liebe gut. Aber hast du je den Geist ohne den Körper gesehen? Hast du je ein Haus ohne Fundament gesehen? Das Niedere ist das Fundament des Höheren. Der Körper ist deine Wohnung, und der Geist lebt im Körper, mit dem Körper. Du bist verkörperter Geist und beseelter Körper zugleich. Das Höhere und das Niedere sind nicht getrennt, sie sind eins – Sprossen derselben Leiter.

Tantra macht es ganz klar: Das Niedere darf nicht verdrängt werden; das Niedere muss ins Höhere umgewandelt werden. Das Niedere ist gut. Wenn du im Niederen hängen bleibst, liegt es an dir, nicht am Niederen. Nichts ist falsch an der untersten Sprosse einer Leiter. Wenn du darauf stehen bleibst, hat es etwas mit *dir* zu tun.

Setz dich in Bewegung!

Am Sex ist nichts verkehrt. Wenn du in ihm hängen bleibst, stimmt etwas nicht mit *dir*. Bewege dich weiter, geh nach oben! Das Höhere ist nicht gegen das Niedere; nur durch das Niedere kann das Höhere überhaupt existieren.

Diese Tricks der Priester und Politiker haben noch viele andere Probleme erzeugt. Jedes Mal, wenn du liebst, fühlst du dich irgendwie schuldig, aber wenn du dich schuldig fühlst, kannst du nicht total in der Liebe aufgehen. Das Schuldgefühl hindert dich, es bremst dich. Sogar mit dem eigenen Ehepartner kommen Gefühle von Schuld auf. Du hast gehört, dass es Sünde sei. Tust du etwas Schlimmes? Bist du ein Sünder? Du kannst dich nicht total einlassen, obwohl es dir gestattet ist, deine Frau zu lieben. Hinter den Schuldgefühlen versteckt sich der Priester – von dort zieht er an deinen Fäden.

Wenn Schuld aufkommt, hast du das Gefühl, dass mit dir etwas nicht stimmt; du verlierst dein Selbstwertgefühl, verlierst deine Selbstachtung.

Und noch ein Problem entsteht: Wenn Schuld aufkommt, fängst du an zu heucheln. Väter und Mütter wollen nicht, dass ihre Kinder es wissen, wenn sie Liebe machen – also heucheln sie.

Sie tun so, als würde kein Sex stattfinden. Die Kinder durchschauen natürlich früher oder später diese Heuchelei, und wenn sie dahinter kommen, verlieren sie jedes Vertrauen. Sie fühlen sich betrogen und verraten. Und dann wundern sich die Väter und Mütter, dass ihre Kinder sie nicht achten. Ihr seid selbst daran schuld – wie können sie euch achten? Ihr habt ihnen in jeder Hinsicht etwas vorgemacht. Ihr seid nicht ehrlich mit ihnen gewesen. Ihr wart gemein. Den Kindern habt ihr gepredigt, sich nicht zu verlieben und

»aufzupassen«, während ihr selbst ständig Liebe gemacht habt. Wenn die Kinder erkennen, dass ihr nicht ehrlich mit ihnen wart – wie können sie euch noch achten?

Erst führen die Schuldgefühle zur Heuchelei, dann führt die Heuchelei zur Entfremdung zwischen den Menschen. Die Harmonie ist gestört. Dein eigenes Kind fühlt diese Barriere – deine Heuchelei. Und im Grunde heucheln alle ... Eines Tages erkennst du, dass du genauso ein Heuchler bist wie die anderen. Wenn alle nur heucheln, wie ist Beziehung dann möglich? Wenn alle falsch sind, wie kannst du dann Beziehungen haben? Wie kannst du freundlich sein, wenn überall Lug und Trug ist? Dann wirst du sehr desillusioniert sein, was die Wirklichkeit angeht. Du wirst bitter, siehst überall nur den Teufel am Werk. Alle haben eine falsche Fassade, keiner ist authentisch. Jeder trägt eine Maske, keiner zeigt sein wahres Gesicht.

Du hast ein schlechtes Gewissen, denn du weißt, dass du heuchelst. Du weißt jetzt, dass alle nur so tun, als ob. Jeder hat ein schlechtes Gewissen, jeder ist wie eine hässliche Wunde.

In dieser Situation ist es einfach, aus den Leuten Sklaven zu machen – Büromenschen, Angestellte, Schuldirektoren, Finanzbeamte, Minister, Regierungsdirektoren, Präsidenten. Jetzt kann man sie ganz leicht ablenken, weil man es geschafft hat, sie von ihren Wurzeln abzulenken. Sex ist die Wurzel.

*Ein Kaplan und ein Bischof sitzen sich auf einer langen Bahnreise im selben Abteil schräg gegenüber. Als der Bischof das Abtei betrat, hatte der Kaplan eilig sein Playboy-Magazin weggesteckt und die Kirchenzeitung vorgeholt.*

*Der Bischof ignoriert ihn und bastelt am Kreuzworträtsel des Kirchenblattes. Es herrscht Stille. Nach einer Weile versucht der Kaplan, eine Unterhaltung zu beginnen. Als sich der Bischof ratlos am Kopf kratzt – offenbar hat er mit seinem Rätsel Probleme – fragt ihn der Kaplan:* »Kann ich Ihnen helfen?«

»Vielleicht. Da ist noch ein letztes Wort, das ich nicht lösen kann. Was für ein Wort mag das sein – mit vier Buchstaben, die letzten drei sind ö-s-e, und es heißt hier: Inbegriff des weiblichen Geschlechts?«

*»Ahh«, sagt der Kaplan nach langer Pause.* »Das ist gewiss das Böse.«

*»Aber na klar, na klar!«, sagt der Bischof und fügt hinzu:* »Sagen Sie, junger Mann, Sie haben nicht zufällig einen Radiergummi dabei?«

Das, was man an der Oberfläche unterdrückt, geht tief ins Unbewusste. Und dort bleibt es.

Der Sex wurde nicht zum Verschwinden gebracht, glücklicherweise. Er kann nicht verschwinden, denn er ist die Lebensenergie.

Doch er wurde vergiftet, wurde verschmutzt – und er kann gereinigt werden!

Tantra kann eure Sexenergie reinigen. Hört die tantrische Botschaft! Versucht sie zu verstehen. Es ist eine großartige, revolutionäre Botschaft. Sie richtet sich gegen Priester und Politiker und all jene Giftmischer, die die Freude auf Erden abgetötet haben, um den Menschen zum Sklaven erniedrigen zu können.

Holt euch eure Freiheit zurück! Holt euch eure Freiheit zu lieben zurück. Holt euch die Freiheit zurück, so zu sein, wie ihr seid. Dann hört das Leben auf, ein Problem zu sein. Es ist ein Mysterium, eine Ekstase, ein großer Segen.

## AUSDEHNUNG

Tantra bedeutet Ausdehnung – dieser Zustand, in dem du bis zum Äußersten ausgedehnt bist. Deine Grenzen und die Grenzen der Existenz sind nicht mehr voneinander getrennt, sie sind identisch. Erst dann wirst du zufrieden gestellt sein. Wenn du universell wirst, kommst du nach Hause. Wenn du zum All wirst, wenn du eins wirst mit allem, wenn du so unermesslich wirst wie das Universum und alles in dir enthältst – wenn du diese kosmische Ausdehnung erlangt hast, dann ist die Arbeit getan, dann bist du nach Hause gekommen.

Dies ist das Ziel von Tantra.

# Ohne Charakter

*Sei ohne Charakter – so sagt es das Tantra. Das ist sehr schwer zu verstehen, weil man uns viele Jahrhunderte lang dazu angehalten hat, einen Charakter zu haben. Charakter bedeutet, eine starre Struktur zu haben; Charakter bedeutet Vergangenheit, Charakter bedeutet eine gewisse aufgepfropfte Disziplin. Charakter bedeutet, dass du nicht mehr frei bist, dass du nur bestimmte Regeln befolgst, über die du nie hinausgehst: Du hast Solidität. Ein Mensch von Charakter ist ein solider Mensch.*

Tantra sagt: Lass den Charakter fallen, sei flexibel und fließe mehr. Lebe von Augenblick zu Augenblick. Damit ist nicht etwa Verantwortungslosigkeit gemeint, sondern ein Mehr an Verantwortung, denn es bedeutet mehr Bewusstheit. Wer durch seinen Charakter lebt, braucht nicht bewusst zu sein – der Charakter nimmt ihm alles ab. Wer durch den Charakter lebt, kann leicht einschlafen; er braucht nicht wach zu sein, denn der Charakter macht automatisch weiter. Bist du aber ohne Charakter, ohne harte Hülle, dann musst du jeden Augenblick hellwach und gewahr sein, was du tust. Jeden Augenblick musst du auf die immer neue Situation eine Antwort finden.

Ein Mensch von Charakter ist tot. Er hat eine Vergangenheit, aber keine Zukunft. Ein Mensch ohne Charakter – und ich meine das nicht in dem Sinn, wie eine Person oft als »charakterlos« bezeichnet wird ... Das Wort »charakterlos« wird falsch gebraucht, denn jeder, der so bezeichnet wird, hat sehr wohl einen Charakter! Mag sein, dass dieser Charakter gegen die Regeln der Gesellschaft verstößt, aber es ist ein Charakter.

Charakter bedeutet: Man ist zuverlässig. Der Fromme hat einen Charakter, und auch der Sünder – beide haben sie einen Charakter. Ihr nennt den Sünder charakterlos, weil ihr seinen Charakter verdammen wollt; trotzdem hat er einen Charakter. Man kann sich auf ihn verlassen. Gibt man ihm die Gelegenheit, dann wird er stehlen – er hat Charakter. Wenn er die Gelegenheit hat, wird er unweigerlich etwas stehlen. Gibt man ihm die Gelegenheit, wird er etwas Unerlaubtes anstellen – er hat Charakter. Und kaum ist er aus dem Gefängnis, überlegt er, was er als Nächstes anstellen könnte. Er landet wieder im Gefängnis, kommt wieder heraus ... Kein Gefängnis hat je einen Menschen kuriert. Im Gegenteil, wenn einer ins Gefängnis kommt, wird er dort höchstens noch schlauer, sonst nichts. Beim nächsten Mal lässt er sich dann nicht mehr so leicht schnappen. Das ist alles, was herauskommt, wenn man ihn ins Gefängnis wirft. Man macht ihn dadurch nur gerissener. Das ist Charakter. Ist das nicht einsichtig?

Ein Trinker hat Charakter, einen sehr, sehr hartnäckigen Charakter. Tausendmal gelobt er,

nie wieder zu trinken, und jedes Mal gewinnt sein Charakter die Oberhand und er muss sich geschlagen geben.

Der Sünder hat einen Charakter, und ebenso der Fromme. Mit »Charakterlosigkeit« meint Tantra das Freisein vom Charakter – vom Charakter des Frommen ebenso wie vom Charakter des Sünders, denn beides macht dich hart wie Stein, starr wie Eis. Es raubt dir die Bewegungsfreiheit. Wenn eine neue Situation aufkommt, kannst du nicht neu auf sie eingehen. Wenn du einen Charakter hast, musst du nach deinem alten Muster reagieren. Das Alte, das Bekannte, das Eingeübte – das kannst du gut.

Ein Charakter wird zum Alibi: Dann braucht man nicht zu leben.

Tantra sagt: Sei charakterlos, sei ohne Charakter. Charakterlosigkeit ist Freiheit.

Ein charakterloser Mensch folgt keinen Regeln – er folgt seiner Bewusstheit. Er hat keine Methode – er hat nur seine Bewusstheit. Sein einziger Rückhalt ist seine Bewusstheit. Er hat keinerlei Gewissen – seine Bewusstheit ist seine einzige Zuflucht.

Gewissen ist Charakter. Das Gewissen ist ein Trick der Gesellschaft. Die Gesellschaft erzeugt ein Gewissen in dir, damit du dein Bewusstsein vergessen kannst. Dadurch wirst du veranlasst, bestimmte Regeln unermüdlich zu befolgen. Du wirst belohnt, wenn du sie befolgst, und bestraft, wenn du sie nicht befolgst. So wirst du zum Roboter gemacht. Sobald der Mechanismus des Gewissens bei dir funktioniert, lässt man dich in Ruhe – jetzt bist du zuverlässig. Nun wirst du lebenslänglich ein Sklave sein. So wie der Psychologe Delgado seinen Versuchsobjekten Elektroden einsetzte, hat man dir ein Gewissen eingesetzt. Es ist eine unsichtbare Elektrode. Aber es hat dich abgetötet. Nun bist du nicht mehr im Fluss, bist ohne eigene Dynamik.

Tantra sagt: Wenn du gehst, geh; wenn du sitzt, sitze; wenn du bist, sei! Sei da, ohne zu denken. Lass das Leben ohne jede Angst durch dich hindurchfließen. Es gibt nichts zu fürchten, denn der Tod kann dir nur das nehmen, was du bei der Geburt bekommen hast. Er wird es dir in jedem Fall nehmen, also hab keine Angst.

Lass das Leben durch dich hindurchfließen.

# Spontaneität

*Im Tantra ist das Spontane von höchstem Wert – einfach nur natürlich zu sein, die Natur zu belassen. Sie nicht zu hindern, sie nicht zuzumauern, sie nicht zu verbiegen, sie nicht in eine Richtung zu lenken, in die sie nicht von selbst will. Sich der Natur zu ergeben, mit ihr zu fließen. Nicht den Fluss anzutreiben, sondern mit ihm mitzugehen, wohin er auch führt. Dieses Vertrauen ist Tantra.*

SPONTANEITÄT BEDEUTET: Du mischst dich nicht ein, du hast dich losgelassen. Was auch immer passiert, du beobachtest es, du bist Zeuge. Du weißt, dass es geschieht, aber du springst nicht dazwischen, versuchst nicht, den Kurs zu ändern. Spontaneität heißt: Du hast keine Richtung. Spontaneität heißt: Du musst kein Ziel erreichen. Wenn du ein Ziel erreichen musst, kannst du nicht spontan sein. Wie kannst du spontan bleiben, wenn deine Natur plötzlich in eine Richtung will, in der dein Ziel nicht liegt? Wie willst du dann spontan bleiben? Dann schleppst du dich deinem Ziel entgegen.

So machen es Millionen von Menschen: Sie schleppen sich auf ein eingebildetes Ziel zu. Und weil sie sich einem eingebildeten Ziel entgegenschleppen, verfehlen sie ihre natürliche Bestimmung – und die ist das einzige Ziel! Allein daran liegt es, dass es so viel Frustration gibt und so viel Elend und so viele Höllen.

Denn du kannst dich noch so sehr auf den Kopf stellen, deine Wesensnatur ist unerfüllt.

Genau das macht die Menschen so tot und abgestumpft. Sie leben, und trotzdem leben sie nicht. Sie gehen wie Gefangene in Ketten. Ihren Bewegungen fehlt jede Freiheit, jede Anmut ... Woher denn auch, wenn sie ständig gegen sich selbst kämpfen? Jeden Augenblicke gibt es Konflikte: Du möchtest *diese* Speise essen, aber die Religion verbietet es. Du möchtest dich *dieser* Frau nähern, aber es gehört sich nicht. Du möchtest auf *diese* Weise leben, aber die Gesellschaft versagt es dir. Du möchtest *so* sein, um aufzublühen, aber alle sind dagegen.

Hörst du auf deine eigene Natur? Oder hörst du auf die Stimmen der anderen? Wenn du den Ratschlägen aller anderen folgst, wird dein Leben leer und voller Frustration sein. Dein Leben wird enden, ohne dass du je gelebt hast. Du wirst sterben, ohne je zu wissen, was Leben ist.

Aber die Gesellschaft hat dich so sehr konditioniert, dass sie dich nicht nur äußerlich unter Kontrolle hat – sie sitzt mitten in dir drin. Das nennt sich Gewissen. Gleich, was du tun möchtest, dein Gewissen sagt:»Tu es nicht!« Dein Gewissen ist die Stimme deiner Eltern. Durch sie sprechen die Priester und Politiker. Es ist ein geschicktes Täuschungsmanöver. Sie haben dir ein Gewissen eingepflanzt, von frühester Kindheit an, als du noch nicht merken konntest, was man mit dir machte.

Da haben sie dir ein Gewissen eingepflanzt. Jedes Mal also, wenn du gegen dein Gewissen handeln willst, bekommst du Schuldgefühle.

Schuldgefühle bedeuten, du hast etwas getan, was andere nicht wollen, dass du es tust. Wenn du natürlich bist, fühlst du dich immer schuldig. Wenn du dich nicht schuldig fühlst, bist du unnatürlich. Das ist das Dilemma, die Spaltung, das Problem. Wenn du auf deine eigene Natur hörst, fühlst du dich schuldig – dann leidest du. Du hast das Gefühl, etwas falsch gemacht zu haben. Du fängst an, dich zu verstecken, dich zu verteidigen. Du fängst an, ständig so zu tun, als ob du nichts getan hättest. Und du hast Angst, dass du früher oder später doch ertappt wirst. Es muss ja rauskommen ... nichts als Angst und Schuldgefühle und Beklemmungen. Und du verlierst dabei alle Liebe zum Leben.

Jedes Mal, wenn du etwas tust, womit die anderen nicht einverstanden wären, fühlst du dich schuldig. Und tust du etwas, weil andere sagen, du solltest es tun, dann fühlst du dich auch nicht wohl, denn es kommt nicht vom Herzen. Zwischen diesen beiden Mahlsteinen steckt der Mensch in der Klemme.

Kürzlich las ich folgende Anekdote:

*»Was bedeutet eigentlich diese Klausel gegen ›Doppelbestrafung‹, vor der die US-Verfassung uns schützen soll?«, fragt Roland seinen Freund Milton, den Rechtsanwalt.*

*»Also, das ist so, Rollie«, sagt Milton. »Wenn du mit dem Auto unterwegs bist, und hinten sitzen deine Frau und deine Schwiegermutter*

*und sagen dir beide, wie du zu fahren hast, dann ist das Doppelbestrafung. Und du hast nun das Grundrecht, dich umzudrehen und zu fragen: ›Verdammt noch mal, wer fährt denn hier, du oder deine Mutter?‹«*

Du magst zwar am Steuer sitzen, aber du fährst nicht den Wagen. Auf deinem Rücksitz sitzen eine Menge Leute: deine Eltern, deren Eltern, dein Priester, dein Politiker, dein Parteiführer, dein Heiliger, dein Philosoph – allesamt sitzen sie auf dem Rücksitz. Und sie meinen es alle gut mit dir: »Tu dies, tu das nicht! Hier geht's lang, nicht da!« Sie machen dich ganz verrückt, aber du hast gelernt, ihnen zu folgen. Wenn du ihnen nicht folgst, löst es eine wahnsinnige Angst in dir aus, etwas falsch zu machen: Wie kannst du Recht haben, wenn dir so viele davon abraten? Und sie wollen ja immer nur dein Bestes! Wie kannst du als Einziger Recht haben, wenn die ganze Welt sagt: »Tu lieber das!« Sie sind doch die Mehrheit, also müssen sie doch Recht haben!

Aber merkt euch: Es geht in erster Linie nicht darum, wer Recht hat, sondern ob man spontan ist oder nicht. Das Spontane ist das Richtige. Sonst wirst du zum Nachahmer, und Nachahmer erfüllen nie ihre Natur.

Du wolltest Maler werden, aber deine Eltern sagten: »Nein, dieses Gekleckse bringt dir nichts ein, und als Maler gewinnst du kein Ansehen in der Gesellschaft. Aus dir wird höchstens ein Gammler, ein Bettler. Schlag dir das Malen aus dem Kopf. Werde Jurist!« Also bist du Anwalt geworden. Jetzt bist du total unzufrieden. Dein Beamtenleben ist tödlich langweilig. Und tief drinnen willst du immer noch malen. Während du im Gerichtssaal sitzt, will dein Inneres malen. Du magst dem Angeklagten zuhören, aber in Gedanken bist du bei seinem Gesicht. Was für ein markantes Profil! Das hätte ein großartiges Porträt abgegeben! Du siehst seine Augen und ihren Blauton ... Aber du bist Staatsanwalt.

Du fühlst dich nie wohl in deiner Haut, leidest ständig unter Spannung. Mit der Zeit gewöhnst du dich daran, ein angesehener Mann zu sein, mit allem, was dazugehört. Aber im Grunde bist du nur eine Imitation, eine Attrappe.

Tantra macht das Spontane zum obersten Wert, zum allerwichtigsten Wert.

Doch eines muss hier genau verstanden werden: Spontaneität kann von zweierlei Art sein: Oft seid ihr einfach nur impulsiv und meint, das wäre Spontaneität, aber das hat keinen großen Wert. Erst wenn Spontaneität mit Bewusstheit einhergeht, wird sie einmalig, wird sie zur Vollkommenheit eines Buddha.

Was ist der Unterschied zwischen impulsivem und spontanem Verhalten? Du hast diese zwei Seiten: Körper und Geist. Der Geist wird von der Gesellschaft gesteuert und der Körper von der Biologie. Das Denken wird von der Gesellschaft manipuliert, denn sie setzt dir bestimmte Gedanken in den Kopf. Doch der Körper wird von Jahrmillionen biologischer Evolution gesteuert. Der Körper ist unbewusst, und das Denken ebenso.

Du bist das, was beides wahrnimmt. Du bist das wahrnehmende Bewusstsein.

Manchmal kann ein Gefühl im Körper auftauchen, dass du am liebsten jemanden ermorden möchtest. Wenn du dann sagst: »Es ist gut, spontan zu sein – ich folge meinem Gefühl und bringe ihn um!«, dann hast du es natürlich missverstanden. Mit »spontan« ist im Tantra die Spontaneität reiner Bewusstheit gemeint.

Der erste Schritt, um spontan zu werden, ist demnach, voll bewusst zu werden. Sobald du bewusst wirst, gerätst du weder in die Falle des Denkens noch des Körpers. Dann sprudelt dir das Spontane mitten aus der Seele – aus dem Himmel, aus dem Meer kommt sie geströmt. Sonst wechselst du nur die Kommandozentrale: vom Körper in den Kopf, oder vom Kopf in den Körper. Der Körper schläft tief und fest. Dem Körper zu folgen heißt, einem Blinden zu folgen. Diese Art von Spontaneität endet im Straßengraben. Damit ist dir nicht geholfen.

Impulsiv zu sein heißt nicht, spontan zu sein. Gewiss, ein Impuls besitzt eine gewisse Spontaneität, mehr als das Denken, aber es fehlt ihm jene ganz spezifische Qualität, für die das Tantra dich öffnen will.

So wie ihr jetzt seid, führt ihr ein ziemlich unbewusstes Leben. Ob ihr im Kopf oder im Körper lebt, macht dabei keinen großen Unterschied. Ihr lebt unbewusst.

*Ein Betrunkener torkelt aus der Kneipe auf den Bürgersteig und fängt an, mit einem Fuß auf der Straße und dem anderen auf dem Bürgersteig zu laufen. Nach ein oder zwei Häuserblocks hält ihn ein Polizist an: »He, Sie da! Sie sind ja betrunken!«*

*Seufzt der Betrunkene erleichtert: »Gott sei Dank! Ich dachte, mein Bein ist zu kurz!«*

Solange ihr unter dem Einfluss des Körpers steht, steuert euch die Biochemie. Dann seid ihr zwar der Falle des Denkens entgangen, aber ihr seid in der Falle der Körperchemie gelandet. Vom Regen kommt ihr in die Traufe.

Wenn du wirklich frei sein und aus allen Fallen herauskommen willst, musst du dir des Körpers und des Denkens gewahr werden. Wenn du dir wie ein Zeuge zuschaust und aus diesem Zeugesein heraus spontan bist, lebst du die Spontaneität, von der Tantra spricht.

# Intensität

*Der Mensch trägt als Einziger die Last, das ganze schwere Gepäck der Erinnerung. Das macht ihn so verworren, so trübe, beladen und niedergedrückt, während die ganze Schöpfung immer neu und frisch ist. Sie schleppt keine Vergangenheit mit sich herum und erträumt sich keine Zukunft. Sie ist einfach hier, total hier! Wenn du die Vergangenheit aufgreifst, verwickelst du dich in Vergangenes, das nicht mehr ist. Wenn du dir die Zukunft ausmalst, verwickelst du dich in Zukünftiges, das noch nicht ist. So verzettelst du dich, und deshalb fehlt deinem Leben die Intensität.*

TANTRA SAGT: Um die Wahrheit zu erkennen, braucht man nur eines: Intensität, totale Intensität. Wie gelangt man zu dieser totalen Intensität des Erlebens?

Wirf die Vergangenheit und die Zukunft über Bord, und fokussiere deine ganze Lebensenergie im Hier und Jetzt. In dieser Fokussierung wirst du zum Feuer, wirst du zur lebendigen Flamme. Es ist das gleiche Feuer, das Moses auf dem Berg Sinai sah – und Gott stand in dem Feuer, und das Feuer versengte ihn nicht. Ja, das Feuer versengte noch nicht einmal den grünen Busch. Der Busch blieb lebendig und frisch und grün.

Das Leben ist Feuer. Um dies zu erfahren, brauchst du Intensität, sonst lebst du nur lauwarm. Für Tantra gibt es nur ein Gebot: Lebe nicht lauwarm. Denn das ist kein Leben, das ist langsamer Selbstmord.

Wenn du isst, sei mit aller Intensität dabei. Die Asketen haben die Tantriker in Grund und Boden verdammt und behauptet, sie frönten nur »Wein, Weib und Gesang«. In einer Hinsicht haben sie Recht, aber in anderer Hinsicht haben sie völlig Unrecht, denn es besteht ein großer Unterschied zwischen dem gewöhnlichen Wein-Weib-Gesang-Typ und einem Tantriker.

Für den Tantriker ist dies der Weg zur Wahrheit. Er sagt: Wenn du isst, dann lass nur das Essen da sein und sonst nichts. Dann lass die Vergangenheit und Zukunft verschwinden. Gib deine ganze Energie ins Essen. Sei voll Liebe und Dankbarkeit für dein Essen. Kaue jeden Bissen sehr intensiv, dann wirst du nicht nur den Geschmack des Essens, sondern den Geschmack der Schöpfung wahrnehmen – denn das Essen ist Teil der Schöpfung! Es bringt Leben hervor, es erzeugt Vitalität, es lädt deine Batterie wieder auf und erhält dich am Leben. Es ist nicht bloß Essen. Das Essen ist nur die äußere Hülle – innen drin steckt das Leben selbst. Solange du nur das Essen schmeckst, aber nicht das darin enthaltene Leben, solange lebst du nur lauwarm. Auf diese Weise wirst du nicht erfahren, was das Leben für den Tantriker ist.

Wenn du Wasser trinkst, werde zum Durst! Lass ihn so intensiv sein, dass jeder Tropfen des kühlen Wassers dich total befriedigt. Wenn du spürst, wie dir die Wassertropfen in die Kehle rinnen und deinen Durst löschen, schmeckst du das Göttliche, schmeckst du die Wirklichkeit.

Tantra ist kein gewöhnliches Schwelgen, es ist ein außergewöhnliches Schwelgen, denn es schwelgt im Göttlichen. Aber, so sagt Tantra: Nur die kleinen Dinge des Lebens lassen uns auf den Geschmack kommen.

Es gibt keine großen Dinge im Leben. Alles ist klein. Das Kleine wird groß und bedeutend, wenn du dich ihm restlos hingibst, rückhaltlos und total. Wenn du mit einer Frau oder einem Mann zusammen bist, dann sei total in der Liebe. Vergiss alles andere. Lass in diesem Augenblick nichts anderes da sein. Lass die ganze Existenz an deinem Liebesakt teilhaben. Lass deine Liebe wild sein, und unschuldig. Kein Gedanke drängt sich dazwischen. Denk nicht nach! Fantasiere nicht dabei! Denn alles Denken und Fantasieren raubt dir Präsenz. Lass das Denken völlig los. Sei total in deinem Tun! Sei dieser Akt der Liebe – versunken, verloren, aufgelöst – dann wirst du im Lieben erfahren, was Göttlichkeit ist.

Laut Tantra kann sie beim Trinken, beim Essen, in der Liebe erfahren werden. Sie kann überall erfahren werden, bei allem – denn das Göttliche ist überall. Alles ist Wahrheit.

Und denke nicht, es sei schade, dass du nicht dabei warst, als Gott die Welt erschuf. Sie wird gerade jetzt erschaffen, und du hast das Glück, dabei zu sein. Du wohnst der Schöpfung dieses Augenblicks bei. Und glaube nicht, etwas zu verpassen, wenn die Welt einmal mit einem Knall verschwindet. Sie verschwindet in diesem Augenblick. Jeden Augenblick stirbt sie und wird neu geboren.

Tantra empfiehlt, so zu leben: In jedem Augenblick dem Alten zu sterben und neu geboren zu werden. Trage keine Last. Sei leer.

# Einheit der Gegensätze

*Wer immer alles analysiert und interpretiert, wer ständig nur nach Verstandeskategorien lebt, ist immer zweigeteilt, immer gespalten. Er sieht in allem ein Problem. Das Problem besteht aber nicht in der Realität, sondern im eigenen gespaltenen Geist. Er selbst ist kein ungeteiltes Ganzes.*

Nun bestätigt auch die Wissenschaft, dass das Gehirn in zwei Teile gespalten ist, eine linke und eine rechte Hälfte, und dass diese beiden Seiten nicht nur verschieden, sondern sogar diametral entgegengesetzt funktionieren.

Die linke Hirnhälfte ist analytisch und die rechte Hirnhälfte ist intuitiv. Die linke Seite ist mathematisch, logisch, syllogistisch, die rechte Seite eher poetisch, künstlerisch, ästhetisch, mystisch. In beiden Hälften gelten verschiedene Kategorien, und dazwischen ist nur eine schmale Verbindung, eine ganz schmale Brücke.

Mitunter kam es vor, dass durch einen Unfall diese Verbindung unterbrochen und die Person in zwei Teile gespalten wurde. Im Zweiten Weltkrieg gab es viele solcher Fälle, in denen die Brücke zerstört und das Hirn getrennt wurde. Dann war die Person nicht mehr eins, sondern zwei. So jemand konnte morgens etwas sagen und am Abend etwas völlig anderes behaupten, weil er alles vergessen hatte. Am Morgen war die eine Hemisphäre in Funktion, und am Abend die andere.

Die heutige Wissenschaft hat hier noch viel zu erforschen, was Yoga schon lange entdeckt hat. So sagt Yoga, dass unser Atem ständig wechselt … Wir atmen etwa vierzig Minuten durch das eine Nasenloch und dann vierzig Minuten durch das andere, immer im Wechsel. Die heutige Wissenschaft scheint sich noch keine Gedanken darüber gemacht zu haben, weshalb der Atem wechselt und was es zu bedeuten hat. Yoga hat sich aber sehr eingehend mit dieser Frage beschäftigt.

Wenn der linke Nasenflügel aktiv ist, arbeitet mehr die rechte Hirnhälfte; wenn der rechte Nasenflügel aktiv ist, mehr die linke Hälfte. Das ist eine Art inneres Regelsystem, sodass jede Hirnhälfte immer nur vierzig Minuten lang arbeitet und sich dann wieder ausruhen kann.

Irgendwie wissen wir Menschen instinktiv, ohne es recht zu verstehen, dass wir nach etwa vierzig Minuten unsere Arbeit wechseln sollten. Und so findet zum Beispiel an Schulen und Universitäten ein Unterrichtswechsel in der Regel nach etwa vierzig Minuten statt. Eine Hemisphäre ist müde geworden. Vierzig

Minuten scheint die Grenze zu sein, dann braucht sie eine Pause. Wenn man also vierzig Minuten lang Mathematik gelernt hat, ist es sinnvoll, sich vierzig Minuten mit Poesie zu beschäftigen. Danach kann es wieder mit Mathematik weitergehen.

Betrachte nur dein eigenes Leben und du wirst einen Rhythmus entdecken. Noch vor wenigen Augenblicken warst du so liebevoll zu deiner Frau, und plötzlich rastet etwas ein und alle Liebe ist wie weggeblasen. Darüber bist du verstört – was ist da passiert? Plötzlich war der Fluss unterbrochen und du bist erstarrt. Vielleicht hattest du eben noch die Hand deiner Frau gehalten, und nun hat sich dein Sinn gewandelt und es fließt keine Energie mehr. Jetzt willst du die Hand loslassen und die Frau am liebsten zum Mond schießen, wo du ihr doch gerade versprochen hast, dass du sie ewig lieben wirst. Es beunruhigt dich sehr, dass du dieses Versprechen so schnell gebrochen hast.

Du bist wütend und möchtest jemandem wehtun – aber schon nach ein paar Minuten ist die Wut verraucht und du spürst keine Wut mehr. Der andere tut dir sogar plötzlich Leid. Beobachte mal deine Gedanken, dann wirst du feststellen, dass sich ständig etwas verschiebt; die Gangschaltung ist immerzu in Betrieb.

Tantra zufolge gibt es einen Zustand der Einheit, in dem die Brücke nicht mehr nur ein schmales Verbindungsglied ist, sondern beide Teile wirklich zusammengehen. Dieses Zusammenkommen ist die wahre Vereinigung von Mann und Frau. Denn ein Teil von dir, die rechte Hälfte, ist weiblich, und der andere Teil, die linke Hälfte, ist männlich. Beim Liebesakt

zwischen Mann und Frau, im Moment des Orgasmus, kommen die beiden Hälften zusammen, und das löst den Orgasmus aus. Der Orgasmus hat nichts mit Mann und Frau außen zu tun, sondern er ist innen.

Die Tantriker haben das Phänomen der Liebe so tief untersucht, weil für sie die Liebe – völlig zu Recht – das größte Phänomen auf Erden ist und der Orgasmus die gewaltigste Erfahrung des Menschen.

Wenn es eine Wahrheit gibt, dann kommen wir im Augenblick des Orgasmus der Erkenntnis der letzten Wahrheit viel näher als irgendwann sonst. Das ist logisch, ganz offensichtlich.

Hier liegt unsere allergrößte Freude, also muss irgendwie diese Freude uns eine Tür zum Unendlichen öffnen – vielleicht nur einen winzigen Spalt breit, nur ganz kurz. Vielleicht ist es nur ein Schimmer – aber ein kleines Stück Unendlichkeit dringt ein. Für einen Augenblick lösen sich Mann und Frau auf. Sie sind nicht mehr im Ego, ihre Getrenntheit verschwindet.

Was passiert da genau? Und ihr könnt auch die Physiologen fragen ... Tantra hat viele Dinge entdeckt, zum Beispiel: Wenn du dich beim Liebemachen mit einer Frau oder einem Mann orgasmisch und glücklich fühlst, so hat es nichts mit dem Partner zu tun. Es ist etwas Innerliches, nicht vom Orgasmus des anderen abhängig. Eure Orgasmen sind zwei getrennte Dinge.

Wenn die Frau ihren Orgasmus hat, dann hat sie ihren Orgasmus. Es hat nichts mit dem Mann zu tun. Er mag als Auslöser für ihren Orgasmus gedient haben, und doch ist es ist es ihr ganz persönlicher Orgasmus. Und sein Orgasmus ist sein privater Orgasmus. Ihr seid zusammen, aber dein Orgasmus gehört dir. Und wenn du einen Orgasmus hast, kann dein Partner nicht an deiner Freude teilhaben. Dein Orgasmus ist deine Privatsache. Der Partner kann zwar an deinem Gesicht und an deinem Körper sehen, dass etwas mit dir geschieht, aber das ist nur eine Beobachtung von außen. Der andere kann nicht daran teilhaben.

Selbst wenn ihr gemeinsam zum Orgasmus kommt, wird deine orgasmische Wonne dadurch nicht größer oder kleiner; sie wird durch den Orgasmus der Frau nicht berührt, noch wird der Orgasmus der Frau durch dich beeinflusst. Jeder ist innen mit sich allein – das ist das eine. Das bedeutet, dass jeder Orgasmus im Grunde Selbstbefriedigung ist. Der Partner ist nur eine Unterstützung, ein Vorwand, ein Anlass, aber keine Notwendigkeit.

Zum anderen haben die Tantriker beobachtet, dass der Orgasmus sich nicht im Sexzentrum ereignet. Ist die Verbindung vom Sexzentrum zum Gehirn unterbrochen, dann kommt es zum Orgasmus, aber ohne die Freude. Der eigentliche Orgasmus findet also

nicht im Genitalbereich, sondern im Gehirn statt. Ein genitaler Reiz löst im Gehirn etwas aus. Der Orgasmus passiert im Gehirn. Diese Erkenntnis der Tantriker deckt sich völlig mit der heutigen Forschung.

Vielleicht habt ihr schon von dem bekannten Psychologen Delgado gehört. Er experimentierte damit, Elektroden im Gehirn anzubringen, die über eine Art Fernsteuerung aktiviert werden könnten, um auf Knopfdruck einen Orgasmus im Gehirn auszulösen. Man könnte eine kleine Box in der Tasche bei sich tragen, und wenn man Lust auf einen Orgasmus hat, könnte man ihn einfach durch Knopfdruck auslösen. Dabei würde der Genitalbereich völlig umgangen. Der Knopfdruck würde genau jenen Gehirnbereich aktivieren, der durch die Freisetzung sexueller Energie in den Genitalien berührt wird, und einen großartigen Orgasmus hervorbringen.

Genauso könnte man auf Knopfdruck auch Wut oder Depressionen hervorrufen – mit einer ganzen Skala von Knöpfen an der Fernsteuerung könnte man seine innere Befindlichkeit nach Wunsch verändern.

Als Delgado anfing, derartige Experimente mit Versuchstieren zu machen, erlebte er eine Überraschung: Er setzte eine Elektrode bei seiner Lieblingsmaus ein, einer intelligenten Maus, die er schon gut trainiert hatte, gab ihr eine Box und brachte ihr bei, auf den Knopf zu drücken. Sobald die Maus heraus hatte, dass der Knopf einen Orgasmus auslöste, drehte sie völlig durch: An einem einzigen Tag drückte sie Hunderte Male auf den Knopf. Sie starb, weil sie nichts anderes mehr tat. Sie wollte nicht mehr essen, wollte nicht mehr schlafen – sie wollte nur noch das Eine! Sie vergaß alles andere und drückte nur noch auf diesen Knopf.

Die heutigen Forschungsergebnisse belegen also genau das, was Tantra seit jeher wusste: Erstens, der Orgasmus hat nichts mit der äußeren Person zu tun hat – deiner Frau oder deinem Mann.

Und zweitens, der Orgasmus hat nichts mit der Sexenergie zu tun. Der Partner aktiviert nur deine Sexenergie, deine Sexenergie wiederum aktiviert die Energie eines Gehirnzentrums, und genau dort, und nirgendwo sonst, passiert der Orgasmus – im Gehirn, in deinem Kopf.

Darauf beruht der Reiz der Pornografie. Sie kann das Gehirn direkt stimulieren. Ob eine Frau schön oder hässlich ist macht für den Orgasmus keinen Unterschied. Eine hässliche Frau kann dir einen genauso tollen Orgasmus verschaffen wie eine schöne. Warum magst du aber keine hässliche Frau? Weil sie die Fantasie nicht anregt, den Appetit im Gehirn nicht weckt, das ist alles. Ansonsten ist für den Orgasmus eine Frau wie die andere. Sie mag Kleopatra sein oder eine Schreckschraube, dem Orgasmus ist das egal. Aber deine Fantasie, dein Kopf, interessiert sich mehr für Kurven und Schönheit.

Tantra sagt: Eine völlig neue Dimension tut sich auf, wenn wir erst einmal den Mechanismus des Orgasmus vollkommen verstanden haben.

Bis zu dem Punkt, dass der Orgasmus im Gehirn stattfindet, stimmt die Wissenschaft überein. Tantra geht noch einen Schritt weiter: Der Orgasmus der Frau geschieht in der rechten Hirnhälfte. Hierzu konnte sich die Wissenschaft bisher nicht äußern. Tantra schon. Es sagt: Der Orgasmus der Frau geschieht in der rechten Hirnhälfte, weil dort das weibliche Zentrum ist. Und der männliche Orgasmus geschieht in der linken, der männlichen Hälfte. Tantra geht dieser Sache nach und kommt zu der Erkenntnis, dass in dem Moment, wo die beiden Seiten des Gehirns zusammenkommen, eine grenzenlose Freude entsteht – der totale Orgasmus.

Die beiden Seiten des Hirns können leicht zusammenkommen. Je weniger analytisch man ist, umso näher liegen sie beisammen. Darum ist ein Verstand, der immerzu alles interpretiert, nie glücklich. Ein nicht interpretierender Verstand ist viel glücklicher. Die so genannten primitiven Völker sind viel fröhlichere Menschen als die so genannten zivilisierten, gebildeten Menschen einer Hochkultur. Auch die Tiere sind erheblich glücklicher als der Mensch, denn sie haben keinen analytischen Verstand, der alles deutet. Der analytische Verstand vergrößert die Kluft zwischen den beiden Hirnhälften.

Je mehr du ein logischer Denker bist, desto tiefer ist die Kluft. Je weniger du die Logik bemühst, desto mehr nähern die beiden Seiten sich an. Je poetischer und ästhetischer du die Dinge angehst, umso größer ist deine Chance, Freude, Wonne und Ekstase im Leben zu finden.

Und schließlich, der letzte Punkt, an den die Wissenschaft vermutlich erst Jahrhunderte später gelangt: Die Freude des Orgasmus findet nicht im Gehirn statt, sondern genau genommen im »Zeugen«, im wahrnehmenden Bewusstsein, das hinter oder über beiden Hirnhälften steht.

Ist dieser Beobachter zu sehr mit der männlichen Seite identifiziert, kann die Freude nicht so groß sein. Ist der Beobachter mit der weiblichen Seite identifiziert, wird die Freude zwar größer sein, aber noch nicht grenzenlos.

Seht ihr denn nicht? Frauen sind glücklichere Geschöpfe als Männer. Darum sehen sie auch schöner, unschuldiger und jünger aus. Sie leben länger und friedlicher, zufriedener. Sie machen sich nicht so viele Sorgen, begehen weniger Selbstmorde, werden nicht so häufig verrückt. Darin übertreffen die Männer die Frauen bei weitem. Und wenn man zu den wahnsinnigen und selbstmörderischen Tendenzen des Mannes noch all die Kriege hinzuzählt, muss man sagen, dass der Mann seit ewigen Zeiten überwiegend damit beschäftigt war, Kriege zu rüsten und Menschen abzuschlachten.

Das weibliche Gemüt ist fröhlicher, weil es poetischer, ästhetischer, intuitiver ist. Wenn du dich aber mit keiner Hirnhälfte identifizierst und nur noch beobachtender Zeuge bist, wird deine Freude grenzenlos und unfassbar. Diese Freude nennen wir im Osten *Anand* – Glückseligkeit.

Diesen Zeugen zu kennen heißt, eins zu werden, absolut eins. Dann werden Mann und Frau in dir völlig verschwinden und im Einen aufgehen.

Dein Leben von Augenblick zu Augenblick wird dann orgasmisch. Und in diesem Zustand geht der Sex automatisch weg, er wird unnötig. Wenn du vierundzwanzig Stunden in Ekstase lebst, wozu brauchst du da noch Sex?

Im Zeugesein wirst du orgasmisch. Nur ist der Orgasmus dann kein Sekundenkick mehr – er ist einfach deine Natur. Und das ist Ekstase.

## VIERTER TEIL

# Die tantrische Vision
# in der Praxis

*Die tantrische Vision ist eine der großartigsten Visionen, die der Mensch je geträumt hat: eine Religion ohne Priester, eine Religion ohne Kirche, eine Religion ohne Organisationen, eine Religion, die das Individuum nicht vernichtet, sondern Individualität ungeheuer achtet, eine Religion, die dem einfachen Mann und der einfachen Frau vertraut. Und dieses Vertrauen reicht sehr tief.*

# Tantra und Vertrauen

*Tantra vertraut deinem Körper. Keine andere Religion vertraut deinem Körper. Und wenn die Religionen deinem Körper nicht vertrauen, schaffen sie eine Kluft zwischen dir und deinem Körper. Sie machen dich zum Feind deines Körpers, sie zerstören die Weisheit deines Körpers.*

Tantra vertraut deinem Körper. Tantra vertraut deinen Sinnen. Tantra vertraut deiner Energie. Tantra vertraut dir – *in toto*. Tantra verneint nichts und transformiert alles.

Wie kann man diese tantrische Vision verwirklichen?

Hier ist die Karte, um dich auf den Weg zu bringen, dich nach innen zu bringen und dich über dich hinauszubringen:

Das Erste ist der Körper. Der Körper ist deine Basis, er ist dein Boden; er ist das, worin du geerdet bist. Wenn man dich zum Feind des Körpers macht, vernichtet man dich, macht man dich schizophren, macht man dich unglücklich, macht man dein Leben zur Hölle. Du bist der Körper. Natürlich bist du mehr als der Körper, aber das »Mehr« kommt später. Erst einmal bist du der Körper. Der Körper ist deine grundlegende Wahrheit, deshalb sei niemals gegen den Körper. Sobald du gegen den Körper bist, wendest du dich gegen Gott. Sobald du respektlos mit deinem Körper umgehst, verlierst du den Kontakt mit der Wirklichkeit, denn dein Körper ist dein Kontaktpunkt. Dein Körper ist deine Brücke. Dein Körper ist dein Tempel. Tantra lehrt Ehrfurcht vor dem Körper, Liebe und Respekt für den Körper,

Dankbarkeit für den Körper. Der Körper ist wunderbar. Er ist das größte Mysterium.

Aber man hat dir beigebracht, gegen den Körper zu sein. So kommt es, dass du zwar manchmal zutiefst über den grünen Baum staunst, dass du manchmal tief vom Mond und von der Sonne berührt bist, dass du manchmal tief von einer Blume berührt bist, aber noch nie von deinem Körper so tief berührt warst. Dabei ist dein Körper das komplexeste Phänomen in der ganzen Existenz! Keine Blume, kein Baum hat einen so wunderbaren Körper wie du. Kein Mond, keine Sonne, kein Stern hat einen so hoch entwickelten Mechanismus wie du.

Aber man hat dir beigebracht, eine Blume schön zu finden, eine einfache Sache. Man hat dir beigebracht, einen Baum schön zu finden, eine einfache Sache. Man hat dir beigebracht, sogar Steine, Felsen, Berge, Flüsse schön zu finden. Aber niemals wurde dir beigebracht, deinen Körper zu achten und über ihn zu staunen. Ja, er ist dir sehr nah, darum ist es so leicht, ihn zu vergessen. Du nimmst ihn für selbstverständlich, darum ist es so leicht, ihn zu vernachlässigen. Aber er ist das allerschönste Phänomen überhaupt.

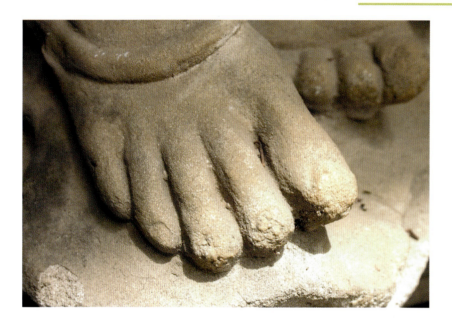

Wenn du eine Blume bewunderst, sagen die Leute. »Wie ästhetisch!« Wenn du das Gesicht einer schönen Frau anschaust oder das schöne Gesicht eines Mannes, sagen die Leute: »Das ist Lüsternheit!« Wenn du zu einem Baum gehst und stehen bleibst oder dir wie betäubt eine Blüte anschaust – deine Augen weit geöffnet, deine Sinne ganz empfänglich, um die Schönheit der Blüte in dich aufzunehmen – dann glauben die Leute, dass du ein Dichter bist oder ein Maler oder ein Mystiker. Aber wenn du zu einer Frau, oder einem Mann, hingehst, in größter Ehrfurcht und Hochachtung vor ihr stehst und die Frau mit großen Augen betrachtest und deine Sinne ihre Schönheit trinken lässt, dann wirst du von der Polizei abgeführt. Keiner hält dich für einen Mystiker oder einen Dichter, keiner wird billigen, was du da tust. Irgendetwas ist schief gegangen.

Wenn du auf der Straße einen Fremden ansprichst und sagst: »Was für wunderschöne Augen Sie haben!«, wirst du verlegen und fühlt er sich verlegen. Er kann nicht einfach »Dankeschön« zu dir sagen. Im Gegenteil, er ist beleidigt. Er wird einschnappen, denn wer bist du, dass du es wagst, dich in sein Privatleben einzumischen? Wie kannst du so was wagen?

Wenn du einen Baum berührst, freut sich der Baum. Aber wenn du einen Menschen berührst, fühlt er sich beleidigt. Was ist schiefgelaufen? Irgendetwas ist da zerstört worden, gründlich und sehr tief.

Tantra lehrt dich, die Achtung und die Liebe zu deinem Körper zurückzugewinnen. Tantra lehrt dich, deinen Körper als größte Schöpfung zu betrachten. Tantra ist die Religion des Körpers. Natürlich geht Tantra über den Körper hinaus, aber es verlässt ihn niemals; Tantra ist im Körper verwurzelt. Tantra ist die einzige Religion, die tatsächlich in der Erde verwurzelt ist; es hat Wurzeln. Andere Religionen sind wie entwurzelte Bäume – morsch, abgestumpft, tot; es fließt kein Saft mehr in ihnen. Tantra ist wirklich saftig, sehr lebendig. Als Erstes musst du lernen, den Körper zu achten. Du musst den ganzen Unsinn vergessen, den man dir über den Körper beigebracht hat.

Sonst wird dich nichts je auf den Weg bringen, wird dich nichts nach innen bringen, wird dich nichts über dich selbst hinausbringen. Fange beim Anfang an. Der Körper ist der Anfang.

Der Körper muss von vielen Repressionen gereinigt werden. Er braucht eine große Katharsis, eine tiefe Reinigung. Der Körper ist vergiftet worden, weil du dich gegen ihn gestellt hast. Du hast ihn auf vielfältige Art und Weise unterdrückt. Dein Körper existiert am Minimum, deshalb bist du unglücklich.

Tantra sagt: Seligkeit kommt erst, wenn du am Optimum existierst – nie vorher. Seligkeit ist nur möglich, wenn du intensiv lebst. Wie kannst du intensiv leben, wenn du gegen den Körper bist?

Du bist immer nur lauwarm. Das Feuer ist abgekühlt. Über Jahrhunderte hinweg hat man das Feuer gelöscht. Das Feuer muss neu entfacht werden. Tantra sagt: Reinige zuerst den Körper – reinige ihn von allem Unterdrückten. Lass die Körperenergie fließen, beseitige die Blockaden.

Es ist sehr schwierig, jemanden zu treffen, der keine Blockaden hat; es ist sehr schwierig, jemanden zu treffen, dessen Körper nicht verspannt ist. Lockere diese Verspanntheit – die Verspanntheit blockiert deine Energie; bei dieser Verspanntheit ist kein Fließen möglich. Warum sind alle so verklemmt? Warum kannst du dich nicht entspannen? Hast du einmal eine Katze beobachtet, wenn sie am Nachmittag ein Schläfchen hält? Wie einfach und wie schön sich die Katze entspannt. Kannst du dich nicht genauso entspannen? Du drehst und wirfst dich in deinem Bett von einer Seite auf die andere und findest keine Ruhe. Die Entspannung der Katze ist deshalb so schön, weil sie sich total entspannt und dabei doch total wach ist. Eine kleine Bewegung im Raum, und schon öffnet sie die Augen, ist sie auf dem Sprung. Sie ist nicht einfach nur eingeschlafen. Wir müssen lernen, wie die Katzen zu schlafen – der Mensch hat verlernt, wie das geht.

Tantra sagt: Lernt von den Katzen – wie sie schlafen, wie sie sich entspannen, wie unverkrampft sie leben. Die ganze Tierwelt lebt unverkrampft. Der Mensch muss es erst lernen, denn er ist falsch konditioniert worden. Der Mensch ist falsch programmiert worden.

Von Kindheit an hat man euch beigebracht, verspannt zu sein. Ihr atmet nicht ... aus Angst. Aus Angst vor ihrer Sexualität atmen die Menschen nicht, denn wenn man tief atmet, geht der Atem direkt ins Sexzentrum, massiert es von innen, erregt es. Weil man euch beigebracht hat, dass Sex gefährlich ist, atmet schon das Kind ganz flach. Der Atem kommt nicht über die Brust hinaus. Weiter kommt

das Kind nicht. Sobald es tiefer atmet, wird es plötzlich erregt: Die Sexualität wird geweckt, und Angst kommt auf. Sobald ihr tief atmet, wird Sexenergie frei.

Die Sexenergie muss freigesetzt werden. Sie muss dein ganzes Wesen durchströmen. Dann wird dein Körper orgasmisch. Doch die Leute haben Angst zu atmen und die Lunge ist fast halb voll mit Kohlendioxid ... Deshalb sind die Leute so träge, deshalb sehen sie nicht wach aus, deshalb fällt Bewusstheit so schwer.

Es ist kein Zufall, dass sowohl Yoga als auch Tantra lehren, tief zu atmen, um die Lunge vom Kohlendioxid zu entlasten. Das Kohlendioxid ist nicht für euch bestimmt – es muss ständig ausgestoßen werden; man muss neue, frische Luft einatmen, man muss mehr Sauerstoff atmen. Sauerstoff entfacht euer inneres Feuer, Sauerstoff entflammt euch. Aber Sauerstoff wird auch eure Sexualität entfachen. Also kann nur Tantra wirklich tiefes Atmen zulassen, nicht einmal Yoga erlaubt euch, so tief zu atmen. Yoga erlaubt euch nur, bis zum Bauchnabel zu atmen, aber nicht tiefer. Ihr sollt nicht durchs Harazentrum gehen, nicht durch *Svadisthan*, denn wenn man erst einmal durch *Svadisthan* geht, springt man ins *Muladhar*.

Nur Tantra akzeptiert euer ganzes Sein und das totale Fließen. Tantra gibt bedingungslose Freiheit, so wie ihr seid und wie immer ihr eben zu sein vermögt. Tantra setzt euch keine Grenze; es definiert euch nicht, es gibt euch einfach totale Freiheit. Dahinter steht die Erkenntnis, dass wenn ihr total frei seid, vieles möglich ist.

Ich habe beobachtet, dass Leute, die sexuell unterdrückt sind, unintelligent werden. Nur sexuell sehr lebendige Menschen sind wirklich intelligent. Nun, es muss die Vorstellung gewesen sein, dass Sex Sünde ist, was die Intelligenz zerstört hat – und zwar sehr gründlich zerstört hat. Wenn du wirklich im Fluss bist und nicht gegen deine Sexualität ankämpfst, sondern mit ihr im Einklang bist, dann wird dein Verstand optimal funktionieren. Du wirst intelligent, wach, lebendig sein.

Man muss sich den Körper zum Freund machen, sagt Tantra.

Berührst du manchmal deinen eigenen Körper? Spürst du je deinen eigenen Körper oder bleibst du eingesperrt wie in einem toten Ding? Genau so ist es doch! Die Menschen sind wie erstarrt; sie schleppen ihren Körper wie einen Sarg mit sich herum. Er ist schwer, er ist hinderlich, er hilft nicht, mit der Wirklichkeit in Kontakt zu kommen.

Wenn ihr dem Strom der Körperelektrizität erlaubt, von der Fußspitze bis zum Scheitel zu fließen, wenn ihr der Energie, der Bioenergie, totale Freiheit lasst, dann werdet ihr wie ein Fluss und spürt den Körper überhaupt nicht mehr. Ihr werdet euch beinah körperlos fühlen. Wenn ihr nicht mit dem Körper kämpft, werdet ihr körperlos. Wenn ihr gegen den Körper kämpft, wird der Körper zur Last. Und wenn ihr euren Körper wie eine Last mit euch schleppt, werdet ihr nie eure Flügel öffnen können.

Der Körper muss schwerelos werden, sodass du den Boden fast nicht mehr berührst – das ist die tantrische Art zu gehen. Du bist so schwerelos, dass es keine Schwerkraft gibt – du kannst geradezu fliegen. Doch das kommt nur, wenn du Ja sagen kannst. Es wird dir nicht leicht fallen, deinen Körper zu akzeptieren. Du verurteilst ihn, findest immer etwas daran auszusetzen. Du achtest ihn nicht, liebst ihn nicht, aber dann erwartest du ein Wunder: dass einer kommt und deinen Körper liebt. Wenn du selbst ihn nicht lieben kannst, wie willst du dann jemanden finden, der deinen Körper liebt? Wenn du selbst ihn nicht lieben kannst, wird niemand deinen Körper lieben, denn deine Ausstrahlung wird die Leute abstoßen.

Man verliebt sich nur in jemanden, der sich selbst liebt. Anders geht es nicht. Zuerst musst du dich selbst lieben – und erst aus dieser Mitte heraus können sich andere Formen der Liebe entfalten. Du liebst deinen Körper nicht. Du versteckst ihn ständig auf tausend und eine Art. Du versteckst den Geruch deines Körpers, du versteckst deinen Körper in Kleidern, du versteckst deinen Körper hinter Schmuck. Du versuchst eine gewisse Schönheit herzustellen, die dir ständig zu fehlen scheint, und genau durch dieses Bemühen wirst du künstlich.

Habt ihr schon einmal einen hässlichen Vogel gesehen? Habt ihr schon einmal ein hässliches Reh gesehen? Das gibt es einfach nicht. Sie gehen in keinen Schönheitssalon und fragen keinen Fachmann. Sie akzeptieren sich einfach. Und ihre Schönheit liegt in diesem Akzeptieren.

Sobald du dich akzeptierst, wirst du schön. Wenn du dich an deinem Körper erfreust, wirst du auch andere mit ihm erfreuen. Viele Leute werden sich in dich verlieben, weil du dich selber liebst. Wenn du wütend auf dich bist, dann weißt du, dass du hässlich bist, du weißt, dass du abstoßend, schrecklich bist.

Diese Vorstellung schreckt andere ab. Es wird ihnen nicht helfen, sich in dich zu verlieben; sie werden dich meiden. Selbst wenn sie sich dir nähern sollten – sobald sie deine Ausstrahlung spüren, werden sie sich abwenden.

Es ist nicht nötig, irgendwem nachzurennen. Dieses Hinterherlaufen kommt daher, dass wir uns selber nicht lieben. Sonst würden andere von selbst angezogen. Es wäre ihnen fast unmöglich, sich nicht in dich zu verlieben, wenn du dich selber liebst.

Warum kamen so viele Menschen zu Buddha, warum kamen so viele Menschen zu Saraha, warum kamen so viele Menschen zu Jesus? Diese Mystiker liebten sich selbst. Sie trugen eine solche Liebe in sich, freuten sich so sehr an ihrem Wesen, dass jeder, der vorbeikam, ganz natürlich von ihnen angezogen wurde. Wie ein Magnet zogen sie die Menschen an. Sie waren so bezaubert von ihrem eigenen Wesen – wie konnte man sich diesem Zauber entziehen? Einfach bei ihnen sein, war die reine Glückseligkeit.

Tantra lehrt dich als Erstes: Sei liebevoll zu deinem Körper. Mache dir deinen Körper zum Freund. Achte und respektiere deinen Körper. Sorge gut für deinen Körper – er ist ein Geschenk der Natur. Behandle ihn gut, und er wird dir große Geheimnisse offenbaren. Dein Wachstum hängt davon ab, was für eine Beziehung du zu deinem Körper hast.

Und das Zweite, wovon Tantra spricht, sind die Sinne. Die Sinne sind eure Pforten der Wahrnehmung, die Sinne sind eure Fenster zur Wirklichkeit. Was ist dein Auge? Was sind deine Ohren? Was ist deine Nase? Fenster zur

Wirklichkeit, Fenster zur Existenz. Wenn du richtig sehen kannst, wirst du das Göttliche überall sehen. Also dürfen die Augen nicht zu sein, sie müssen richtig aufgemacht werden. Die Augen dürfen nicht kaputt gemacht werden. Die Ohren dürfen nicht kaputt gemacht werden, denn alle diese Töne sind göttlich. Die Vögel singen *Mantras*, und die Bäume halten Predigten im Schweigen. Aller Klang ist göttlich und alle Formen sind göttlich. Wenn du keine Empfindsamkeit in dir hast, wie willst du das Göttliche erkennen? Ihr geht in eine Kirche oder in einen Tempel, um dort Gott zu finden ... Dabei ist das Göttliche doch überall! In eine Kirche, einen Tempel von Menschenhand geht ihr, um Gott zu finden? Warum? Gott ist überall, lebendig und unübersehbar. Aber dafür braucht ihr ungetrübte Sinne, gereinigte Sinne.

Tantra lehrt also, dass die Sinne die Pforten der Wahrnehmung sind. Man hat sie betäubt. Diese Betäubung müsst ihr aufheben, eure Sinne müssen gereinigt werden. Eure Sinne sind wie ein trüb gewordener Spiegel, auf dem sich zu viel Staub angesammelt hat. Der Staub muss weggewischt werden.

Sieh die tantrische Art, mit allem umzugehen. Schmecke das Göttliche in jedem Geschmack. Fließe total in deine Berührung ein, denn alles, was du berührst, ist göttlich. Tantra ist die totale Umkehrung der sogenannten Religionen. Es ist eine radikale Revolution – von den Wurzeln her.

Berühre, rieche, schmecke, schaue, höre – so vollständig, wie du nur kannst. Du wirst diese Sprache erst wieder lernen müssen, denn die Gesellschaft hat euch hinters Licht geführt; sie hat euch das alles vergessen lassen.

Jedes Kind wird mit wunderbar intakten Sinnen geboren. Beobachte ein Kind! Wenn es etwas anschaut, geht es völlig darin auf. Wenn es mit seinen Spielsachen spielt, geht es völlig darin auf. Wenn es schaut, wird es ganz Auge. Sieh dir die Augen eines Kindes an. Und wenn es lauscht, wird es ganz Ohr. Wenn es etwas isst, dann ist es Zunge, mit all seinen Sinnen.

Es wird zum Schmecken. Seht euch ein Kind an, wenn es einen Apfel isst. Mit welchem Genuss! Mit was für einer Energie! Mit welcher Lust! Schau einem Kind zu, wenn es im Garten hinter einem Schmetterling herläuft ... Es geht so darin auf, dass selbst Gott es davon nicht ablenken könnte. So ein totaler, meditativer Zustand – und ohne jede Anstrengung.

Schau einem Kind zu, das Muscheln am Strand sammelt, als wären es Diamanten. Mit lebendigen Sinnen ist alles kostbar. Mit lebendigen Sinnen ist alles klar.

Später im Leben wird dasselbe Kind die Wirklichkeit so wahrnehmen, als wäre sie hinter einer abgedunkelten Scheibe verborgen. Viel Rauch und Staub haben sich auf das Glas niedergeschlagen, und dahinter versteckst du dich und guckst, und alles sieht trübe und tot aus. Du betrachtest einen Baum, und der Baum sieht glanzlos aus, weil deine Augen stumpf sind. Du hörst ein Lied, und es spricht dich nicht an, weil deine Ohren abgestumpft sind. Selbst wenn du ein Lied von Saraha hörst, gefällt es dir nicht, weil deine Intelligenz abgestumpft ist.

Hole dir deine vergessene Sprache zurück! Immer wenn du Zeit hast, begib dich mehr in deine Sinne. Wenn du isst, iss nicht einfach nur, sondern versuche, die vergessene Sprache des

》 *Geh zum Fluss und lass dir den Fluss durch die Hände rinnen. Fühle ihn! Schwimme und spüre das Wasser so, wie der Fisch es spürt. Lass keine Gelegenheit aus, deine Sinne wieder zu beleben.* 《

Schmeckens wieder zu erlernen. Berühre das Brot, fühle seine Struktur. Fühle es mit offenen Augen, fühle es mit geschlossenen Augen. Wenn du kaust, kaue wirklich: Du kaust Gott, vergiss das nicht! Es wäre respektlos, nicht richtig zu kauen, nicht richtig zu schmecken. Lass es andächtig sein, dann wird ein neues Bewusstsein in dir aufsteigen. Du wirst in die Alchemie von Tantra eingeweiht werden.

Berühre die Menschen mehr. Wir sind voller Berührungsängste. Wenn jemand mit dir spricht und dir zu nahe kommt, weichst du zurück.

Wir schützen unser Territorium. Wir berühren keinen und lassen uns nicht berühren. Wir halten uns nicht an den Händen, umarmen uns nicht. Wir freuen uns nicht aneinander.

Geh zu einem Baum und berühre ihn. Berühre einen Felsen. Geh zum Fluss und lass dir den Fluss durch die Hände rinnen. Fühle ihn! Schwimme und spüre das Wasser so, wie der Fisch es spürt. Lass keine Gelegenheit aus, deine Sinne wieder zu beleben. Und es gibt jeden Tag viele Gelegenheiten. Du brauchst dir nicht extra Zeit dafür zu nehmen. Der ganze Tag ist ein Sensitivitätstraining. Nutze alle Möglichkeiten.

Wenn du unter der Dusche stehst, spüre, wie sich das Wasser anfühlt, das dir über die Haut rinnt. Lege dich irgendwo nackt auf den Boden, fühle die Erde. Lege dich am Strand hin, fühle den Sand. Lausche den Klängen von Sand und Wind und Meer. Nutze jede Gelegenheit. Nur so kannst du die Sprache der Sinne wieder lernen. Tantra ist nur zu verstehen, wenn dein Körper lebendig ist und deine Sinne empfindsam.

Befreie deine Sinne von Gewohnheiten. Routine ist eine Hauptursache, warum wir so abgestumpft sind. Entdeckt neue Wege, etwas zu tun. Erfindet neue Arten, euch zu lieben.

Jede Erfahrung sollte mit großer Sensibilität erlebt werden. Wenn ihr miteinander Liebe macht, dann lasst es ein Fest sein! Bringt jedes Mal neue Kreativität in den Liebesakt ein, lasst euch jedes Mal etwas Neues einfallen. Ihr könnt tanzen, ehe ihr euch liebt. Ihr könnt meditieren, ehe ihr euch liebt. Ihr könnt einen Waldlauf machen und euch danach lieben. Ihr könnt schwimmen gehen und euch danach lieben. Auf diese Weise wird euch jedes Liebeserlebnis sensibler machen, und die Liebe wird nie fad und langweilig werden.

Findet neue Wege, wie ihr den andern entdecken könnt. Nichts sollte zur Routine erstarren. Jede Routine ist lebensfeindlich, Routine tötet euch ab. Ihr könnt euch immer wieder etwas Neues einfallen lassen – euer Einfallsreichtum hat keine Grenzen. Manchmal kann schon eine kleine Veränderung viel bewirken. Wenn ihr immer am Tisch esst, so setzt euch doch manchmal draußen auf der Wiese zum Essen. Ihr werdet euch wundern: Es ist eine völlig andere Erfahrung! Der Geruch des frisch geschnittenen Grases, die Vögel, die herumhüpfen und zwitschern, die frische Luft, die Sonnenstrahlen, das Gras unter dir. Das ist etwas völlig anderes, als auf einem Stuhl zu sitzen und am Tisch zu essen. Eine ganz neue Erfahrung, mit völlig anderen Zutaten!

Probiere auch mal nackt zu essen – du wirst überrascht sein! Es ist kein großes Ding; du sitzt einfach nackt beim Essen. Aber es macht einen großen Unterschied, weil etwas Neues hinzu gekommen ist. Statt mit Messer und Gabel und Löffel zu essen, iss mal mit bloßen Händen. Die Berührung mit den Händen wird dir eine ganz neue Esserfahrung, ein neues Erleben der Nahrungsmittel geben. Ein Löffel, eine Gabel ist ein lebloses Ding; es schafft Distanz, damit zu essen. Hier begegnet uns die Berührungsangst wieder – nicht einmal das Essen darf berührt werden! Aber dann weißt du nicht, wie es sich anfasst, wie es sich anfühlt. Essen schmeckt nicht nur, es fühlt sich auch an.

Beim Genießen einer Sache trägt vieles dazu bei, ohne dass wir uns dessen bewusst sind. Du kannst damit experimentieren: Zum Beispiel iss mal eine Zwiebel mit geschlossenen Augen und zugehaltener Nase. Jemand soll sie dir geben, ohne dass du weißt, ob es eine Zwiebel oder ein Apfel ist. Du wirst den Unterschied schwer feststellen können, ohne Nase und Augen dazu zu gebrauchen. Es wird nicht möglich sein, den Apfel von der Zwiebel zu unterscheiden, denn Geschmack ist nicht bloß Geschmack: Fünfzig Prozent davon kommt durch die Nase, und auch die Augen sind daran stark beteiligt. Beim Schmecken sind alle Sinne mitbeteiligt. Wenn du mit den Händen isst, trägt auch der Tastsinn dazu bei. Es schmeckt einfach besser. Es ist menschlicher, es ist natürlicher.

Entdecke neue Wege in allem, was du tust. Mache dir dies zur Übung. Tantra sagt: Wenn es dir gelingt, jeden Tag neue Wege zu entdecken, wird dein Leben spannend, ein Abenteuer. Du wirst dich nie langweilen. Du wirst immer wissbegierig bleiben, immer auf der Suche nach dem Neuen und Unbekannten. Deine Augen bleiben klar, deine Sinne bleiben klar, weil du ständig danach Ausschau haltet, Neues zu finden, zu entdecken, herauszufinden – da ist es unmöglich, abgestumpft und dumm zu werden.

Die Psychologen sagen, dass Dummheit im Alter von sieben beginnt. Sie beginnt eigentlich schon etwa mit vier, aber mit sieben wird sie dann ganz offensichtlich. Spätestens mit sieben Jahren zeigt sich die Dummheit eines Kindes. Tatsächlich hat ein Kind mit sieben Jahren etwa fünfzig Prozent von allem, was es in seinem ganzen Leben lernen wird, schon gelernt. Wenn ein Mensch siebzig Jahre alt wird, hat er in den restlichen dreiundsechzig Jahren nur fünfzig Prozent dazugelernt. Wie kann das sein? Mit zunehmendem Alter werden die Menschen stumpfsinnig; sie hören auf zu lernen. Was die Intelligenz angeht, so fängt ein Kind mit sieben Jahren zu altern an. Körperlich beginnt das Altern später – ab fünfunddreißig bauen wir körperlich ab –, aber geistig hat der Verfall schon längst begonnen.

Ihr mögt es kaum glauben, dass das geistige Alter im Durchschnitt bei zwölf Jahren liegt. Häufig bleiben die Menschen hier stehen und wachsen geistig nicht weiter. Deshalb sieht man so viel kindisches Verhalten auf der Welt. Beleidigt mal einen Sechzigjährigen: Innerhalb von Sekunden wird er zum Zwölfjährigen und benimmt sich, dass man nicht glauben kann, einen Erwachsenen vor sich zu haben.

Die Menschen sind immer in Gefahr, zu regredieren. Ihr wahres geistiges Alter verbirgt sich unter einer hauchdünnen Oberfläche. Man braucht nur ein wenig zu kratzen, und das wahre geistige Alter tritt zutage. Das körperliche Alter spielt dabei keine große Rolle. Die Menschen sterben kindisch; sie werden nie erwachsen.

Tantra sagt: Lerne alles auf immer neue Weise zu tun und befreie dich so weit wie möglich von Gewohnheiten. Tantra sagt: Imitiere nicht, sonst stumpfen deine Sinne ab. Äffe nicht nach. Finde deinen eigenen Weg, die Dinge anzugehen. Hinterlasse in allem, was du anpackst, deine eigene Handschrift.

Neulich sagte mir eine Frau, dass es zwischen ihr und ihrem Mann keine Liebe mehr gebe. Sie blieben nur noch wegen der Kinder zusammen. Ich sagte ihr, sie solle meditieren und einfach freundlich zu ihrem Mann sein. Wenn die Liebe verschwunden ist, ist nicht alles verschwunden. Freundschaft ist immer noch möglich. Man kann Freund sein. Und sie sagte: »Das ist schwierig. Wenn eine Tasse zerbrochen ist, ist sie kaputt.«

Ich sagte ihr, dass sie offenbar noch nicht gehört hatte, dass die Zen-Leute in Japan zuerst im Supermarkt eine Tasse kaufen, die sie dann mit nach Hause nehmen, kaputt schlagen und wieder zusammenkleben, um daraus eine ganz besondere, einmalige Tasse zu machen. Sonst wäre es nur Dutzendware aus dem Supermarkt, und wenn ein Freund zu Besuch kommt und du ihm den Tee aus einer solch ordinären Tasse anbietest, wäre das hässlich und respektlos. Deshalb holen sie eine neue Tasse und brechen sie erst kaputt. Natürlich wird dann auf der ganzen Welt keine andere Tasse genau gleich aussehen. Wieder zusammengeklebt hat sie eine persönliche Note, einen besonderen Stempel.

Und wenn Zen-Leute einander besuchen, trinken sie nicht einfach nur den Tee. Zuerst muss die Tasse gewürdigt werden, und alle betrachten sie genau. Die Art und Weise, wie die Tasse zusammengefügt ist, macht aus ihr ein Kunstwerk – es kommt darauf an, wie die Stücke gebrochen und wieder geklebt wurden.

Die Frau hatte mich verstanden und fing an zu lachen. Sie sagte: »Ja, so könnte es gehen.«

Gib allem deine persönliche Note. Sei kein Nachahmer. Wer andere imitiert, lebt am Leben vorbei. Imitieren bedeutet, neurotisch zu sein. Die einzige Art, in dieser Welt gesund zu bleiben, besteht darin, individuell zu sein, ein authentisches Individuum. Sei du selbst.

Erstens muss also der Körper von allem Unterdrückten gereinigt werden. Zweitens müssen die Sinne wiederbelebt werden. Drittens muss das neurotische, zwanghafte Denken aufhören und Stille gelernt werden.

Entspanne dich, sooft du kannst. Tu den Verstand beiseite, wann immer es dir möglich ist. Nun wirst du sagen: »Leichter gesagt, als getan. Wie kann ich den Kopf beiseite lassen? Er rattert und rattert.« – Aber es gibt einen Weg.

Tantra unterscheidet drei Bewusstheiten:

Bewusstheit eins: Lass dem Verstand die Zügel schießen. Lass ihn voller Gedanken sein, und schau du ihm einfach zu, unbeteiligt. Du brauchst dich nicht darüber zu beunruhigen – beobachte einfach. Sei nur der Beobachter, dann wirst du mit der Zeit sehen, dass sich zwischen den Gedanken auch Lücken der Stille einfinden.

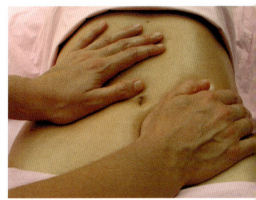

Dann Bewusstheit zwei: Sobald dir die Lücken zwischen den Gedanken bewusst geworden sind, werde dir auch des Beobachters bewusst. Beobachte nun den Beobachter, und neue Lücken werden auftauchen. Dann wird der Beobachter allmählich verschwinden, genau wie die Gedanken. Und eines Tages ist auch der Denker verschwunden. Dann ist wirklich Stille.

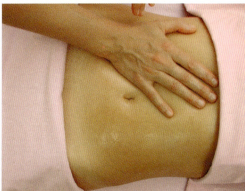

Bei der dritten Bewusstheit sind Objekt und Subjekt verschwunden und du bist in die Dimension des Jenseits eingetreten.

Wenn du diese drei Dinge erreicht hast – der Körper gereinigt von Repressionen, die Sinne befreit von Dumpfheit, der Verstand erlöst von zwanghaftem Denken – kann eine Vision in dir aufsteigen, die frei ist von allen Illusionen.

Das ist die tantrische Vision.

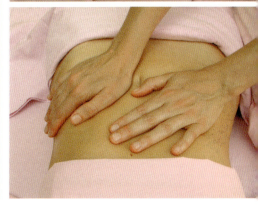

# Über den Autor

Osho entzieht sich jeder Kategorisierung. Seine Vorträge behandeln brisante Themen von der persönlichen Sinnsuche bis hin zu den drängendsten sozialen und politischen Fragen, mit denen die Welt heute konfrontiert ist. Seine Bücher sind nicht geschrieben, sondern aus Tausenden von Tonband- und Videoaufnahmen transkribiert. Er hat über einen Zeitraum von 35 Jahren vor einer internationalen Zuhörerschaft stets aus dem Stegreif gesprochen. Dazu in seinen Worten: »*Denkt daran, dass alles, was ich sage, nicht nur hier für euch ist. Ich rede auch für zukünftige Generationen.*« Die Londoner *Sunday Times* nennt Osho als einen der »1000 Macher des 20. Jahrhunderts«. Bekannt ist Osho auch für seinen revolutionären Beitrag zur Wissenschaft der inneren Transformation. Sein Werk und seine einzigartigen Aktiven Meditationen sieht er als »Beitrag, die Voraussetzungen für die Entstehung einer neuen menschlichen Lebensweise zu schaffen«.

Weitere Bücher von Osho über Tantra:

*Das Buch der Geheimnisse* (Arkana, Berlin 2009)

*Tantra, Spiritualität und Sex* (Innenwelt, Köln 2004)

*Tantra – die höchste Einsicht* (Innenwelt, Köln 204)

*Das Buch der Frauen ; Das Buch der Männer; Das Buch vom Ego* (Ullstein, Berlin 2004)

Weitere Informationen über deutschsprachige Bücher auf der Osho Webseite (siehe unten).

»Er zitiert Jesus, Buddha, Mahavira, Laotse, Sufis und die alten Zen-Meister aus seinem phänomenalen Gedächtnis und interpretiert sie mit einer Frische und Direktheit, als würden sie heute zu uns sprechen und Jeans tragen.« – *Die Zeit*, Deutschland

## OSHO IM INTERNET:

Osho.com   YouTube.com/oshointernational   Facebook.com/osho.international

Die umfangreiche Webseite bietet in mehreren Sprachen einen detaillierten Überblick über Osho, sein Werk, seine Aktiven Meditationen und das »Osho International Meditation Resort«.